Coaching für die Seele

Titel der Originalausgabe:
101 Exercises for the Soul
© 2005 by Bernie S. Siegel
Publilshed by New World Library,
Novato, California

Bernie S. Siegel:	Übersetzung: Jochen Lehner
Coaching für die Seele	Lektorat: Christian Salvesen
Projektkoordination:	Umschlag-Gestaltung,
Marianne Nentwig	Typografie und Satz:
© J. Kamphausen Verlag &	Wilfried Klei
Distribution GmbH, Bielefeld 2008	Druck & Verarbeitung:
info@j-kamphausen.de	Westermann Druck Zwickau

www.weltinnenraum.de

1. Auflage 2008
Die Deutsche Bibliothek – CIP-Einheitsaufnahme

Ein Titelsatz für diese Publikation
ist bei der Deutschen Bibliothek erhältlich

ISBN 978-3-89901-103-6

Dr. Bernie S. Siegel

Coaching für die Seele

101 Übungen
für ein friedvolles,
erfülltes Leben

Dieses Buch widme ich meiner Frau Bobbie
und den vielen Leben, die wir schon miteinander waren
und noch miteinander sein werden.

Bittersüß

Als wir mit den Rädern die Straße entlang fahren,
deutet sie auf etwas und sagt: „Bittersüß."
„Was? Was sagst du?"
Sie zeigt noch einmal hin.
Da sehe ich den bittersüßen Nachtschatten in seiner Schönheit
und fühle den Frieden in dieser Schönheit.

Bittersüß – plötzlich erreicht mich der Geschmack dieses Wortes.
Es liegt keine Bedeutung darin,
und doch erfasst es unser Leben miteinander
und weist den Weg zum Frieden.

Bitter: Lampen, die angelassen werden,
all das nicht Weggeräumte in der Küche,
die nicht zusammengelegte Wäsche,
müde, vergesslich und mehr.

Und süß: ihre Liebe, ihr Lächeln, ihr Lachen,
ihre Berührungen, ihre Fürsorglichkeit, ihre Schönheit.
Bittersüß, aber das Bittere schmecke ich kaum,
so süß ist sie.

Das Leben ist bittersüß,
aber ich danke Gott für dich, Süße.
Ich hoffe, dein Geschmack wird immer in meinem Leben sein.

Vergiss nicht, die Welt ist eine große Familie ... Sieh den Himmel
als deinen Vater, die Erde als deine Mutter und alle Wesen
als deine Brüder und Schwestern ...

SHINTO-WEISHEIT

Coaching für die Seele

EINLEITUNG

Die meisten Menschen wissen, wie wichtig es ist, den Körper durch Bewegung fit zu halten, aber wer „ertüchtigt" schon seine Seele?

So leicht passiert es, dass die Dinge des Alltags uns allzu sehr in Beschlag nehmen und wir all das aus dem Auge verlieren, was uns wirklich etwas bedeutet. Wir sind dann kaum noch Menschen, eher Maschinen – das Tun hat Vorrang vor dem Sein bekommen. Wenn das zu lange so geht, stirbt unser wahres Ich langsam, langsam ab. Verschaffen wir unserer Seele jedoch Bewegung, werden wir eher in der Lage sein, mit Lust und Begeisterung zu leben und zu lieben. Schwierigkeiten und Hindernisse, auf die wir unterwegs stoßen, sind dann auch leichter zu überwinden.

Jeder Bühnenkünstler und Sportler weiß, was erforderlich ist, wenn man es bis in die Carnegie Hall schaffen oder zur Teilnahme an den olympischen Spielen bringen möchte: üben, üben, trainieren, trainieren. Wer sich nicht regelmäßig fordert, wird nie ausschöpfen können, was in ihm steckt. Das gilt auch für die Seele. Wer auf eine Goldmedaille in der Disziplin „innere Entwicklung" aus ist, braucht unter anderem einen guten Coach. Für sich allein tut man sich schwer beim Üben und Trainieren. Seit über dreißig Jahren berate ich Menschen mit lebensbedrohlichen Krankheiten und kann sagen, dass diese Patienten meine wichtigsten Lehrer und Trainer gewesen sind. Lassen Sie mich in diesem Buch jetzt einmal Ihr Coach sein. Zumindest könnten Sie es mal mit mir versuchen. Ich werde Sie auf dem Weg zu Ihren Zielen anfeuern und mein Bestes tun, um Ihnen für die Reise Ihrer Seele als Wegweiser zu dienen.

Ich habe dieses Buch so einfach wie möglich gehalten, damit Sie sich jederzeit und überall hinsetzen können, um gleich etwas zu finden, womit Sie Ihr Leben aufwerten können. In jedem Kapitel wird es um einen bestimmten Bereich des seelischen Wachstums gehen, und das reicht von Veränderungen der Einstellung bis zum Aufspüren der tieferen Motivation. Alle Kapitel beginnen mit einem Coaching-Tipp, der in die Grundbegriffe einführt und den Zweck der nachfolgenden fünf Übungen erläutert. Mit diesen Übungen beginnt der eigentliche Workout (wobei die Übung 101 eine Art Abschlussexamen darstellt).

Manche Übungen werden Ihnen vielleicht eher schwierig erscheinen. Fangen Sie ruhig mit irgendetwas an, das Ihnen liegt. Sie könnten zum Beispiel bei einem Thema einsteigen, das gerade in Ihrem Leben akut ist und Ihnen womöglich direkte Hilfestellung gibt. Nehmen Sie die erste Übung, die Sie anspricht. Sie können sich sofort hineinstürzen; Aufwärmübungen brauchen wir hier nicht. Ich werde Sie allerdings nicht persönlich an das tägliche Üben erinnern können; legen Sie das Buch also an einer Stelle ab, wo es Ihnen immer wieder ins Auge fällt und Sie daran erinnert, auf die Bedürfnisse Ihrer Seele einzugehen.

Sie werden es kaum glauben, wie schnell sich erste Veränderungen bemerkbar machen – wie das Leben mehr Sinn bekommt und um wie viel besser Sie sich schon fühlen. Das sind anfangs vielleicht ganz kleine Veränderungen, aber je weiter wir unsere Entwicklung voranbringen, desto mehr können wir in unserem eigenen Leben und in der Welt bewegen. Je stärker der Wunsch und die Intentionen, desto bereitwilliger üben wir und desto besser werden die Ergebnisse ausfallen. Vieles lässt sich in der Welt zum Besseren wenden, wenn wir uns nur entschließen, das Richtige zu tun.

Körper und Seele sollen Hand in Hand arbeiten, so sind sie gemeint. Um das zu erreichen, müssen wir unseren Körper beachten und fit halten, aber wir müssen auch verstehen und beachten, was im Innern ist, wir müssen uns darum kümmern. Nehmen Sie sich jetzt erst einmal einen Moment Zeit, um einen

Blick auf Ihre Seele zu werfen. Ist sie in Form? Durfte sie sich Ausdruck verschaffen, durfte sie leben, wie sie wollte? Ist sie in manchen Bereichen ganz gut entwickelt, in anderen nicht so gut? Stellen Sie sich Ihre Seele als einen Muskel vor, der umso stärker, zäher und flexibler wird, je mehr sie ihn betätigen. Wenn unsere Seele gesund sein soll, müssen wir sie erst einmal sprechen lassen, ohne ihr über den Mund zu fahren, weil andere schlecht von uns denken könnten. Vertrauen wir darauf, dass unsere Seele uns in die bestmögliche Richtung lenken und unser Leben reicher machen wird.

Und jetzt ist der Augenblick für den Beginn Ihrer Seelenreise gekommen.

Die Kraft ist mit Ihnen, glauben Sie mir.

Ihr Coach
Dr. Bernie S. Siegel

1 AUF DIE HALTUNG KOMMT ES AN

Placken Sie sich nicht mit den kleinen oder
großen Sachen ab (das spart auch Deodorant)

Andere können dich vorübergehend behindern,
du bist der Einzige, der dich auf Dauer behindern kann.

ZIG ZIGLAR

Coaching-Tipp

Eine positive Grundeinstellung, unter welchen äußeren Umständen auch immer, verbessert Ihre Aussichten auf Glück und Erfüllung. Warum ist das so? Nun ja, wenn Sie eine negative Haltung einnehmen und voller Sorgen und Ängste sind, zieht das Ihren Körper, Ihr Denken, Ihren Geist in Mitleidenschaft. Wenn Sie nichts anderes im Sinn haben, als Bilder einer unglücklichen Zukunft heraufzubeschwören, tragen Sie selbst dazu bei, dass es wirklich so kommt. Denken Sie daran: Ihre Gedanken leiten Ihre Entscheidungen, und negative Gedanken ziehen negative Entscheidungen nach sich. Nichts wird besser, wenn wir uns ständig das Schlimmste ausmalen, aber Sie können viel erreichen, wenn Sie sich die bestmögliche Entwicklung wünschen und dann auch beherzt anstreben. Wenn es um die Deutung der Vergangenheit oder Voraussagen für die Zukunft geht, liegen Optimisten vielleicht nicht häufiger richtig als Pessimisten – aber sie leben länger.

Gott hat über seinem Schreibtisch einen Merkzettel hängen, auf dem steht: „Wenn du überall ausposaunst, was für ein elendes Leben du hast, werde ich dir zeigen, was wirklich elend ist. Und wenn du alle wissen lässt, was für ein herrliches Leben du hast, werde ich dir zeigen, was herrlich wirklich bedeutet." Eine positive Grundhaltung kann Ihnen viele Türen öffnen und ist für die Gestaltung des Lebens, das Sie sich wünschen, eine große Hilfe.

Mit einer negativen Haltung stellen Sie sicher, dass Sie nicht einfach hier und jetzt glücklich sein können. Diese Wahrheit musste ich vor vielen Jahren am eigenen Leib erfahren. Bei unserem damals siebenjährigen Sohn war durch eine Röntgenaufnahme ein Knochentumor festgestellt worden. Es schien wahrscheinlich, dass es sich um einen bösartigen Tumor handelte und der Junge kein Jahr mehr zu leben hatte. Diese Aussicht bedrückte mich sehr, und das sah man mir an. Damit nicht genug, versuchte ich auch noch meine Frau und die vier Geschwister mit der „angebrachten" depressiven Haltung zu infizieren. Ihr werdet doch wohl nicht etwa lachen und spielen wollen, wenn jemand, der euch so lieb ist, dem Tod entgegen geht.

Dann kam mein Sohn eines Tages in das Zimmer, in dem ich gerade saß, und fragte: „Papa, kann ich mit dir reden?"

„Klar", sagte ich, „was gibt's denn?"

Er sagte: „Weißt du, ich finde, du machst bei dieser Sache keine besonders gute Figur."

Da fiel es mir plötzlich wieder ein, dieses Einfachste, das jedes Kind und jedes Tier instinktiv weiß: Es gibt nur diesen einen Tag, heute, jetzt.

Außerdem irrte ich mich auch noch in meiner Einschätzung der Lage. Mein Sohn überlebte und ist heute noch gesund und munter. Niemand kennt die Zukunft, und wir sollten uns nie durch Befürchtungen, Sorgen und Pessimismus davon abhalten

Coaching für die Seele

lassen, den Tag zu genießen und auszukosten, wie die Aussichten für morgen auch sein mögen.

Lernen Sie Enttäuschungen und Rückschläge als Ereignisse zu sehen, die Ihnen eine neue Richtung zu etwas Gutem geben. Das habe ich von meiner Mutter gelernt, es verändert unsere Haltung und Zukunftserwartung zum Positiven. Lernen Sie das Leben mit hoffnungsvollen Augen zu sehen, das ist ein wichtiger Bestandteil Ihres Seelen-Trainings. Die folgenden Übungen werden Ihrer Lebenseinstellung auf die Sprünge helfen, damit Sie sich das Leben schaffen können, das Sie sich wünschen. Sie müssen allerdings regelmäßig üben.

Übung 1

DIE DANKBARKEITSLISTE

Eine Merkhilfe

Warum leben Sie, wie Sie leben? Geht diese Frage ständig in Ihnen um? Oder sind Sie zu beschäftigt zum Jammern und Klagen? Wenn Sie eine positivere Grundeinstellung finden und sich besser fühlen möchten, gibt es kaum ein wirksameres Mittel als Dankbarkeit. Man kann nicht dankbar und gleichzeitig bedrückt sein. Diese Übung kann häufig wiederholt werden und führt immer zum gleichen Ergebnis.

Nehmen Sie Stift und Papier zur Hand, und suchen Sie sich ein stilles Plätzchen, an dem Sie nicht unterbrochen werden. Notieren Sie zuerst mindestens zwanzig Dinge in Ihrem Leben, für die Sie dankbar sind. Fangen Sie ruhig mit der Grundversorgung an: dass Sie ein Dach über dem Kopf, eine bequeme Sitzgelegenheit, reichlich zu essen, ein warmes Bett und dergleichen haben. Fahren Sie mit persönlich bedeutsameren Dingen fort, etwa Ihren Freunden und Angehörigen, der Arbeit, den Haustieren, Ihrer Gesundheit.

Wenn die Liste fertig ist, legen Sie sie irgendwo ab, wo sie Ihnen immer wieder ins Auge fällt, vor allem wenn sich unbehagliche Gedanken regen. Tragen Sie alles nach, was Ihnen in den nächsten Wochen noch einfällt, und nehmen Sie sich jeden Tag Zeit, die Liste durchzulesen und sich alles Dankenswerte in Ihrem Leben in Erinnerung zu rufen.

Coaching für die Seele

AFFIRMATIONEN

Was Sie sich selbst sagen, hat seine Wirkung

Ihre Intentionen und Wünsche gestalten Ihre Zukunft. Wenn Sie zu Ihren Wünschen Affirmationen formulieren und gleichzeitig aufhören, sich Ihre Befürchtungen auszumalen, haben Ihre Ziele es viel einfacher, Wirklichkeit zu werden. Das ist deshalb so, weil Sie sich und Ihr Leben auf das Eintreten des Gewünschten einstellen.

Teilen Sie ein Blatt Papier mit einem senkrechten Strich in zwei Hälften. Nehmen Sie sich ein paar Minuten Zeit, sich die wichtigsten Bereiche Ihres Lebens vor Augen zu halten, Ihren Körper, Ihre Arbeit, Ihre Ehe oder Beziehung und so weiter. Achten Sie auf alle negativen Regungen, auch wenn sie nur flüchtig zu sein scheinen, und notieren Sie all das in der linken Spalte. Wenn Sie alles Wichtige haben Revue passieren lassen, lesen Sie sich die notierten negativen Gedanken noch einmal durch. Jetzt verkehren Sie jeden Satz in sein Gegenteil, und schreiben es in die rechte Spalte. Ein paar Beispiele:

Ich bin heute so müde.	Ich fühle mich heute lebendig und energiegeladen.
Wenn ich heute doch bloß nicht zur Arbeit müsste!	Ich freue mich auf einen produktiven Arbeitstag.
Das Aussehen meines Körpers gefällt mir gar nicht.	Ich bin dankbar für meinen Körper.
Ich wäre gern eine bessere Mutter/ein besserer Vater.	Ich bin als Mutter/Vater so gut, wie ich nur sein kann.

Kleben Sie Ihre Lieblingsaffirmationen an Stellen, wo sie Ihnen täglich ins Auge fallen – an den Spiegel im Bad, an den Kühlschrank, auf den Schreibtisch ... Lesen Sie sie die nächsten dreißig Tage immer wieder laut vor; Sie können sie auch innerlich sprechen, aber mehrmals am Tag und zuletzt vor dem Schlafengehen. Erstellen Sie jeden Monat eine neue Liste, und wählen Sie dazu Affirmationen, auf die Sie sich ausrichten. Ihre innere Haltung wird positiver werden, Ihr Körper und Ihr Leben werden sich in Richtung Ihrer Affirmationen verändern.

LERNEN SIE VON EINEM MEISTER

Alte Weisheit

Weshalb sollten wir uns alles mühsam selbst erarbeiten, wenn es vor uns schon wunderbare Coaches und Lehrer gab? Von den großen Meistern der Vergangenheit sind uns Worte der Weisheit überliefert, an denen wir uns orientieren können. Nehmen Sie ein Buch irgendeines berühmten und von Ihnen bewunderten Autors zur Hand. Lesen Sie von Menschen, die schweren Schicksalen standgehalten und Großes geleistet haben – etwa Helen Keller, Anne Frank, Mutter Teresa; oder von Heiligen und großen Lehrern wie dem Buddha, dem Dalai Lama oder Franz von Assisi. Nehmen Sie sich auch Zeit für Lyriker wie Emily Dickinson, Edna St. Vincent Millay, Rainer Maria Rilke oder William Blake.

Übertragen Sie Zitate, Aussprüche und Gedichte, von denen Sie sich angesprochen fühlen, in ein persönliches Notizbuch. Vielleicht möchten Sie sogar dies und das, was Sie als besonders aufbauend und mitreißend empfinden, einrahmen und gut sichtbar im Haus anbringen. Lassen Sie etwas vom Licht dieser Worte in sich ein, sooft Sie daran vorbeigehen. Diese Lehrer haben Millionen inspiriert und werden auch Ihnen als Hebammen zur Seite stehen, wenn Sie sich auf den Weg zu einer positiven Lebenshaltung machen und die Wehen Ihrer eigenen Selbstgeburt einsetzen.

Übung 4

DER GRÖSSTE LEHRER

Lassen Sie sich durch nichts
Ihre Lebensfreude verderben

Unlängst forderte ich meine Zuhörer während einer Lehrerkonferenz auf zu sagen, wen oder was sie als ihren größten Lehrer ansahen. Es kamen viele Antworten, darunter so anrührende wie Schmerz und Verlust. Für mich ist es der Tod. Ich lasse mir einfach nicht von anderen oder von den Umständen die Freude verderben, denn ich weiß, wie wir alle wissen sollten, dass ich nur begrenzte Zeit zu leben habe.

Ich lebe in dem Bewusstsein, dass die Zeit für uns alle hier auf der Erde ablaufen wird. Wenn ich andere kränke, entschuldige ich mich, bringe die Sache in Ordnung und gehe weiter. Wenn ich Angst spüre, überlege ich mir, ob ich das, wovor ich mich fürchte, nicht doch tun sollte; und wenn ich mein Leben und meine Gesundheit nicht bedroht sehe, riskiere ich, es zu tun.

Unser Hund heißt Furphy. Er ist recht klein und begrüßt zehnmal größere Hunde in einer Haltung, die nur Freundlichkeit und nichts von Angst erkennen lässt. So gewinnt er viele Freunde, und ich lerne von ihm. In Büchern über Hundeerziehung ist nachzulesen, wie viel von der inneren Einstellung abhängt. Wenn Sie mit gemischten Gefühlen auf einen anderen Hund zugehen, wird sich diese Ängstlichkeit auf Ihren Hund übertragen, und dann entsteht leicht eine gespannte Atmosphäre. Die Menschen in unserer Umgebung spüren unsere innere Verfassung, die sich deshalb nicht nur auf unseren inneren Haushalt auswirkt, sondern auch das Verhalten anderer uns gegenüber mitbestimmt.

Gehen Sie übungshalber davon aus, dass der vor Ihnen liegende Tag Ihr letzter sein wird. Kosten Sie jeden Augenblick aus, mag der Inhalt noch so banal sein. Machen Sie das Beste aus allem, was sich bietet. Üben Sie jeden Tag, dem Leben und den Menschen in einer positiven Haltung zu begegnen, und Sie werden sehen, dass Sie überall schwanzwedelnd, anstatt knurrend und mit gefletschten Zähnen empfangen werden.

BETRACHTEN SIE EINES
IHRER KINDHEITSFOTOS

Ihr göttliches inneres Kind

Versagensangst hält uns davon ab, rückhaltlos zu leben und alles in uns Angelegte zu verwirklichen. Diese Angst entspringt nicht Ihrem göttlichen inneren Kind, sondern wird Ihnen von den Menschen in Ihrer Umgebung beigebracht. Es gibt in der Kindheit und Jugend Autoritätsfiguren – Eltern, Lehrer, Kirchenvertreter und andere –, die uns, wenn etwas schiefgeht, das Gefühl vermitteln, wir seien schuld daran. Unser Fehlverhalten wurde nicht einfach angesprochen und korrigiert – nein, wir sollten Schuldgefühle haben und uns schämen. Falsch!

Wie falsch das war, können Sie sich leicht selbst beweisen. Suchen Sie ein Kindheitsbild von sich heraus und legen Sie ein Foto aus neuerer Zeit daneben. Betrachten Sie die beiden Fotos eine Weile, und machen Sie sich bewusst, was Sie bei jedem der beiden empfinden. Das Bild aus der Kleinkindzeit wird wahrscheinlich eher Freude auslösen, und was an Scham vorhanden ist, wird sich mit dem Erwachsenenfoto verbinden. Aber wo ist eigentlich der Unterschied, wenn wir die Zeitdifferenz einmal nicht berücksichtigen? Tragen Sie das Kindheitsbild künftig bei sich, oder stellen Sie es an Ihrem Arbeitsplatz auf – eine Erinnerungshilfe, auf die Sie immer zurückgreifen können, wenn jemand Schamgefühle in Ihnen auslöst.

Das Experiment lässt sich noch ausbauen: Wenn Sie wieder einmal mit jemandem zu tun haben, der Ihnen das Gefühl gibt, nicht recht zu sein, zeigen Sie diesem Menschen einfach mal Ihr

Kinderfoto. Achten Sie auf die Reaktion. Höchstwahrscheinlich wird es ein Oh und Ah geben, und man wird Sie süß und niedlich finden. Wie fällt der Vergleich aus, wenn Sie dagegenhalten, wie diese Person Ihnen sonst begegnet?

Sie haben dieses göttliche Potenzial des kleinen Kindes immer noch in sich. Andere sehen es vielleicht nicht in dem Erwachsenen, der Sie geworden sind, aber es ist da. Lassen Sie sich von Ihren Befürchtungen oder den Meinungen anderer nicht aufhalten. Gehen Sie wie ein Kind auf das Leben zu, machen Sie den ersten Schritt und lernen Sie laufen. Wenn Sie es nicht versuchen, kann sich kein Erfolg einstellen. Und wenn Sie stolpern und hinfallen, machen Sie es genau wie ein Kind: aufstehen und erneut versuchen.

2 KOMMEN SIE IN BEWEGUNG

Entfalten Sie Ihre Kräfte,
beflügeln Sie Ihr Training

Bewegung ist die Medizin des körperlichen,
seelischen und geistigen Wandels.

CAROL WELCH

Coaching-Tipp

Unser Körper hat uns einiges an wertvollen Mitteilungen zu machen, wenn wir nur zuhören. Er kann uns Aufschluss über uns selbst geben. Wir kommen als körperliche Wesen zur Welt, aber mit den Jahren achten wir immer weniger auf die Weisheit unseres Körpers. Wer seelische Gesundheit möchte, muss auf seinen Körper zu achten lernen. Wenn wir direkten Zugriff auf all das haben wollen, was er uns sagen kann, brauchen wir eine gute Verbindung zu ihm.

Als Arzt weiß ich, dass wir unsere ganze Lebendigkeit in uns gespeichert haben. Es kommt darauf an, die Sprache des Körpers zu verstehen. Er spricht nicht nur über Symptome wie Schmerz zu uns. Er äußert sich in unseren Gedanken, Träumen, Gefühlen. Ich habe mir als Arzt die intuitive Weisheit des Körpers, die sich in Träumen oder Zeichnungen bekundet, zunutze gemacht, und nicht nur als diagnostisches Hilfsmittel, sondern auch mit dem Ziel, meinen Patienten bei ihren Therapie-Entscheidungen zu helfen. Solche Kenntnisse werden in keinem Medizinstudium vermittelt, aber sie liegen seit Jahrzehnten in den Werken C. G. Jungs vor.

Übrigens funktioniert das auch anders herum: Bilder und Vorstellungen haben Auswirkungen auf den Körper. Stellen Sie sich irgendetwas Erfreuliches vor, und achten Sie auf Ihren Körper. Er reagiert so, als würden Sie dieses Erfreuliche gerade wirklich erleben. Wir wissen zum Beispiel, dass sich das Immunsystem und der Kortisonhaushalt bei Schauspielern mit der jeweils gespielten Rolle ändern. Eine Komödie gibt dem Abwehrsystem Auftrieb und reduziert die Ausschüttung von Stresshormonen, während die Mitwirkung in einem tragischen Stück den Körper regelrecht in Mitleidenschaft zieht. Der Körper unterscheidet nicht zwischen Gefühlen, die im wirklichen Leben entstehen, und ähnlichen Gefühlen, die durch eine Rolle ausgelöst werden. Beide wirken sich auf den Körper aus.

Angenehme körperliche Erfahrungen – etwa wenn wir einen Hund streicheln oder massiert werden – lösen eine vermehrte Ausschüttung bestimmter Hormone aus, die uns im Umgang mit anderen friedfertiger und liebevoller sein lassen. Wir sind darauf angelegt, zu berühren und berührt zu werden. Dazu ist unser Körper da. Er gibt uns die Möglichkeit, unsere Zuneigung zu zeigen und uns durch Berührungen, Bewegungen und Worte mitzuteilen.

Ihr Herz kennt Sie besser als Ihr Kopf. Hören Sie auf das, was es Ihnen sagt, und beachten Sie die Mitteilungen Ihres Körpers. Bei den Übungen dieses Kapitels benutzen Sie Ihren Körper, um Ihrer Seele zu mehr Gesundheit zu verhelfen.

Übung 6

LASSEN SIE SICH MASSIEREN

Stress abbauen

Massage kann sehr heilsam sein, denn Berührungen geben der Körperchemie positive Impulse. Dazu gehören schmerzhemmende und wachstumsfördernde Faktoren sowie die Anregung des Immunsystems.

Diese Übung beinhaltet, dass Sie sich massieren lassen – am besten mehrmals die Woche oder einen Monat lang einmal wöchentlich – und darauf achten, wie die Massage auf Sie wirkt. Gehen Sie in eine Massagepraxis, oder bitten Sie jemanden, dem Sie sich nahe fühlen, es einmal zu versuchen. Verwenden Sie Duftöle, und lassen Sie bei der Massage entspannende Musik laufen. Lassen Sie Ihre Gedanken gehen, wohin sie wollen; lassen Sie sich auf die Gefühle ein, die vielleicht während der Massage lebendig werden, und nehmen Sie sich die Zeit, mit einem vertrauten Menschen darüber zu sprechen oder sich in Ihrem Tagebuch ein wenig damit auseinanderzusetzen. Massagen gehören zu den Dingen, die uns zu normalen und gesunden körperlichen Beziehungen zurückführen können.

Massieren Sie selbst auch Menschen, denen Sie sich nahe fühlen. Alles, was den direkten menschlichen Kontakt verstärkt, wirkt beruhigend und ausgleichend. Das können ganz einfache Dinge sein, jemandem Hals und Schultern ausstreichen zum Beispiel. Massieren Sie sich selbst hin und wieder die Füße, das kann ich nur wärmstens empfehlen.

Übung 7

STREICHELN SIE EIN TIER

Weich und warm

Es gibt viele Untersuchungen, laut denen sich der Besitz von Haustieren und der Umgang mit ihnen sehr segensreich auswirken. Wie der Umgang mit Menschen unserem Hormonhaushalt gut tut, so können Sie Ihre Stimmung aufhellen und sogar Ihren Blutdruck senken, wenn Sie ein Tier streicheln und kraulen.

Wenn Sie ein Haustier haben, widmen Sie ihm jeden Tag ein wenig Zeit, um es mit liebevollen Gedanken zu streicheln. Berühren Sie es, spielen Sie mit ihm, so lernt man sich gegenseitig kennen. Tiere besitzen ein feines Gespür; sie können uns mancherlei über uns selbst vermitteln. Sie helfen unserer Intuition auf die Sprünge und bilden uns in nonverbaler Kommunikation aus. Sie haben kein Haustier? Überlegen Sie einmal, ob es nicht doch möglich wäre. Es kann irgendein Tier sein, Sie müssen nur innerlich Zugang zu ihm haben und ihm freien Herzens Ihre Zuneigung schenken können. Wenn Sie kein Hundetyp sind, kann es ruhig auch eine Katze, ein Vogel, ein Fisch, ein Reptil oder irgendein anderes Wesen sein. Eine erfüllte Beziehung zu einem Haustier wird Ihnen vieles geben. Näheres im Kapitel über „Pelzige Freunde".

Sollten Sie in Ihrer Wohnung kein Haustier halten können, besuchen Sie doch einfach ein Tierheim und widmen sich einige Zeit den Tieren dort. Sie freuen sich immer über Gesellschaft und Abwechslung. Führen Sie einen Hund Gassi, halten Sie einen Wurf Kätzchen im Arm. Als letztes Mittel, wenn Sie gar kein Wesen von Fleisch und Blut finden können, fangen Sie mit einem Schmuseplüschtier an und arbeiten sich von da aus weiter vor.

Coaching für die Seele

GEHEN SIE SPAZIEREN

Offene Augen, geschlossene Augen

Durch Bewegung schaffen wir im Körper ein Milieu, das jeder Arzt, welcher Fachrichtung auch immer, als heilkräftig bezeichnen würde. Und ein Spaziergang gibt uns überdies Gelegenheit, in uns hineinzuhorchen und die innere Stimme zu hören.

Also lassen Sie alles Ablenkende einmal hinter sich, gönnen Sie sich einen Spaziergang in der Natur. Es gibt kaum etwas Besseres, um mit der Erde, auf der wir Leben, auf Tuchfühlung zu gehen. Probieren Sie drei verschiedene Arten von Spaziergängen aus, jede mindestens eine Stunde lang. Gehen Sie zuerst allein, ohne jegliche Begleitung. Lassen Sie sich Zeit, all das Schöne ringsum wahrzunehmen und Ihren eigenen Gedanken zu lauschen. Achten Sie auf Empfindungen, die sich im Körper regen. Bleiben Sie ganz nah an allem, was Sie umgibt – Formen und Farben und die sanften Bewegungen, die der Wind erzeugt. Betrachten Sie irgendein unscheinbares Pflänzchen und die Schönheit seiner kleinen Blüten. Lassen Sie sich sein, und beobachten Sie, wie Ihr Bild des Lebens und der Natur sich ändert, wenn Sie wirklich wahrnehmen, was sich Ihnen jeweils zeigt.

Der zweite Spaziergang soll im Wesentlichen genauso aussehen, nur dass Sie diesmal Ihr Haustier mitnehmen und beobachten, wofür es sich interessiert.

Zum dritten Spaziergang sprechen Sie einen vertrauten Freund oder Angehörigen an und laden ihn oder sie zu einem gemeinsamen Spaziergang im Wald oder Park ein. Lassen Sie sich die Augen verbinden und von dieser Person zu Bäumen und anderen Pflanzen führen, die Sie betasten und an denen Sie schnuppern, um sie einmal ohne Sichtkontakt zu erleben. Merken Sie, wie alle Sinne wacher werden und wie viel Sie bei diesem Spaziergang über Ihre Welt erfahren?

Übung 9

TRAINIEREN SIE

Im Fitnessstudio oder anderswo

Regelmäßige Bewegung tut gut: Das Immunsystem wird angeregt, Stress wird abgebaut, geistige Klarheit und Wachheit nehmen zu, und schließlich ist es auch noch wirksam gegen Depression und vorzeitiges Altern. Sie können Gewichte stemmen, Aerobic-Übungen machen oder sich sonst irgendwie bewegen, alles wird Ihre Gesundheit fördern. In dieser Übung geht es darum, dass Sie zu einem regelmäßigen Trainingsablauf finden.

Zunächst brauchen Sie dazu eine Umgebung, in der Sie sich wohl fühlen. Das kann zu Hause, im Park oder im Fitnessstudio sein. Gehen Sie alles durch: Was kommt Ihren Neigungen am meisten entgegen? Fühlen Sie sich allein wohl, oder brauchen Sie den Anschub, den man in einem Kurs bekommen kann? In manchen Fitnessstudios geht es ganz leger zu, in anderen sind Hightech und Höchstleistung angesagt (mit entsprechend hohen Kosten). Was liegt Ihnen? Wichtig ist, dass Sie sich wohl fühlen und Ihr Training ohne Störungen absolvieren können.

Fangen Sie mit einem simplen Trainingsplan an, den Sie nach und nach erweitern können. Vielleicht belassen Sie es für den Anfang bei zwanzig bis dreißig Minuten Gewichtheben oder Joggen auf dem Laufband. Manche finden es hilfreich, von einem Trainer eingewiesen zu werden. Lassen Sie Ihrem Körper Zeit, sich auf Bewegung und leichte Anstrengung einzustellen und immer deutlicher zu spüren, wie er sich dabei fühlt und was alles in ihm steckt. Legen Sie es nicht darauf an, von heute auf morgen fit zu werden. Bauen Sie sich langsam auf, und gönnen Sie es sich nach jedem Training, ein wenig stolz auf Ihre Leistung zu sein.

Übung 10

PROBIEREN SIE ETWAS NEUES AUS

Am Boden, in der Luft, auf dem Meer

Tun Sie etwas, was Sie noch nie versucht haben, und Sie schaffen sich eine wunderbare Möglichkeit, Ihren Körper wiederzuentdecken und über mitgebrachte oder erworbene Ängste hinauszuwachsen. Das erfordert Mut und verschafft Ihnen ganz neue Empfindungen – Sie werden sich auf eine neue Art lebendig fühlen. Wählen Sie für diese Übung drei Dinge, die Sie immer schon einmal tun wollten oder seit Ihrer Kindheit nicht mehr getan haben. Und dann tun Sie sie.

Erinnern Sie sich, was Ihnen als Kind viel Spaß gemacht hat – Seil springen, bestimmte Ballspiele, Schwimmen, Rollschuh laufen, Fahrrad fahren? Was haben Sie besonders gemocht, aber schließlich aufgegeben, weil Sie „zu alt" dazu waren? Gibt es ein Spiel oder eine Sportart, worin Sie gern richtig gut geworden wären, aber nie dazu kamen? Seien Sie noch einmal Kind, lassen Sie sich darauf ein. Oder wagen Sie sich an etwas, das Ihnen jetzt erst verlockend erscheint: Salsa, Fallschirmspringen, Tauchen, Bungee-Jumping, Klettern, Surfen, Poolbillard. Nehmen Sie Unterricht, buchen Sie Kurse, wenn es erforderlich ist. Und wenn Sie nur Roller fahren: Verschaffen Sie Ihrem Körper diese prickelnde Begeisterung. Lassen Sie ihn wissen, dass Sie das Leben mit all seinen Erfahrungen und Empfindungen lieben.

3 MIT HUMOR KOMMEN SIE ANS ZIEL

... egal, bei welchem Rennen

Und erachten wir jeden Tag als verloren,
an dem wir nicht wenigstens einmal getanzt haben.
Und nennen wir jede Wahrheit unwahr,
die nicht wenigstens ein Lachen mit sich führt.

FRIEDRICH NIETZSCHE

Coaching-Tipp

Wer älter wird, ist gut beraten, sich einen kindlichen Humor zu bewahren und seinem inneren Kind eine Stimme zu geben, sonst kann das Leben schnell drückend, lastend und schwierig werden. Ich weiß recht gut, wie leicht ich mich an meinen Nöten festbeiße, anstatt auf das zu blicken, was mich heilt und trägt. Die Seele ist Licht. Blicken wir also auf die lichte, heitere Seite des Lebens, und geben wir uns jeden Tag Anlass zu lachen.

Für Kinder ist Humor etwas ganz Natürliches. Erwachsene tun sich dagegen mitunter schwer, ihr Leben mit Humor zu impfen. Ich habe mir angewöhnt, der Welt da draußen mit kindlichem Gemüt zu begegnen und sie wie mit den Augen eines Kindes zu sehen. Dazu gehört, dass ich zum Beispiel Anweisungen ganz wörtliche nehme. Wenn es heißt „hier bitte unterschreiben", dann schreibe ich „hier bitte" an die bezeichnete Stelle. Das nimmt den Dingen ihr Gewicht und rückt sie gleichzeitig zurecht. Wenn ich

Lotterielose kaufe, frage ich die Verkäuferin immer, ob sie mich heiratet, wenn ich gewinne. Da kommen durchaus interessante Antworten zustande. Ich erhebe auch jederzeit Anspruch auf Seniorenrabatte, selbst wenn sie auf bestimmte Tage beschränkt sind. Mein Argument: Senioren wissen sowieso nie, was für ein Tag gerade ist, also will ich jetzt meinen Rabatt.

Man braucht ein bisschen Mut, um den Clown zu spielen. Man muss selbstbewusst sein und darf keine Angst vor der Meinung anderer haben. Nehmen wir den Briefkasten, der unten an unserer Einfahrt steht, allerdings gute vier Meter hoch. Dafür steht „Luftpost" drauf. Bei der Post kennt jeder unser Haus. Und was das Schönste ist: Wenn Sie den Clown spielen, lernen Sie den Clown in anderen kennen, Sie stoßen auf Kinder jeder Altersstufe. Ich bin einmal in einen deutlich mit „Kein Zutritt" geschützten Bereich eingedrungen und habe zum Wärter gesagt: „Ich trete nicht zu, sondern auf." Ohne mit der Wimper zu zucken, gab er zurück: „Kein Auftritt" – was ihm meinen Respekt und eine Umarmung eintrug.

Und dann dieses Stationsdinner auf der Chirurgie in der Klinik. Ich trug eine ausgeborgte Schwesterntracht, mit Luftballons ausgestopft, dazu eine Perücke und perfektes Make-up, für das meine Frau gesorgt hatte. Während des Essens habe ich mich wie Dustin Hoffman in *Tootsie* erhoben und eine flammende Kritik zum Besten gegeben. Die breite Zustimmung, die ich am nächsten Tag in der Klinik erfuhr, überraschte mich dann doch ein wenig. Humor macht alles leichter verdaulich.

Wie schön ist es, wenn unsere Bereitschaft zu lachen das Kind in anderen weckt und der Tag dann für alle Beteiligten viel besser läuft. Neulich auf der Post erzählte mir der Mann am Schalter Witze, während er meine Päckchen abfertigte. Ich sagte, ich würde künftig leere Kartons verschicken, nur um weitere Witze von ihm zu hören.

Humor hilft uns über die härtesten Zeiten hinweg. Die Übungen dieses Kapitels wollen Ihnen Anstöße und Ressourcen vermitteln, mit denen Sie den Humor in Ihren Alltag zurückholen und Ihrer Seele Auftrieb geben können.

FÜHREN SIE EIN TAGEBUCH DES LÄCHELNS

Humor im täglichen Leben

Ich hatte mein Leben lang einen Hang, eher die unangenehmen Ereignisse als die lustigen oder heilenden zu verzeichnen. Ich musste erst lernen, die erfreulichen Dinge überhaupt wahrzunehmen. So sammle ich nicht nur Erinnerungen an schwere Zeiten in mir an, sondern auch an all das, was mit Freude verbunden ist. Ich kann Ihnen nur nahelegen, sich stets Notizen zu machen, damit Ihnen die bedeutsamen Augenblicke des Lebens im Bewusstsein bleiben.

Für die nächste Woche sollte es jedoch um etwas ganz Bestimmtes gehen. Sehen Sie zu, dass Sie immer ein Notizbuch bei sich haben, und immer wenn etwas Sie zum Lächeln oder Lachen bringt, schreiben Sie sich die Umstände genau auf. Schildern Sie, was zu Ihrem Lächeln führte, sei es eine E-Mail oder irgendeine zufällige Begegnung im Supermarkt. Lesen Sie die Eintragungen eines Tages am Abend vor dem Schlafengehen und dann am nächsten Morgen noch einmal, um sich auf einen weiteren fröhlichen Tag einzustimmen.

Finden Sie heraus, welche Art von Humor ihnen besonders liegt und ein freies, herzliches Kinderlachen bei Ihnen auslöst. Lassen Sie dieses Tagebuch ein Werkzeugkasten sein, aus dem Sie sich bedienen können, wenn die Wolken einmal jeglichen Sonnenschein aus Ihrem Leben fernzuhalten scheinen. Sie werden entdecken, dass Sie sich Ihr Wetter selbst machen können.

TAUSCHEN SIE KOMISCHE GESCHICHTEN AUS

Lachen über alte Zeiten

Lachen erhebt uns über die materielle Seite unseres Lebens und unserer Probleme und Nöte. Der Austausch lustiger Geschichten in der Familie oder im Freundeskreis macht nicht nur Spaß, sondern verbindet auch.

Tragen Sie Dinge aus Ihrem Leben zusammen, über die Sie (zumindest heute) lachen können, und erzählen Sie Ihren Lieben davon. Wenn Sie nicht recht wissen, wie das in Gang zu bringen ist, können Sie einen Familienabend organisieren, bei dem man zusammen isst und anschließend Geschichten austauscht und sich alte Fotos und Videos anschaut. Das schafft so viel Nähe, dass es alte Wunden heilen kann, und das Vergangene uns ein Lächeln entlockt.

Lassen Sie Freunde und vor allem ältere Verwandte von ihren Erinnerungen erzählen. Um solch einen Geschichtenabend in Schwung zu bringen, muss man sie nur nach den alten Zeiten fragen. Es wird in diesem Kreis bald sehr lustig und herzlich zugehen, glauben Sie mir.

Übung 13

SEHEN SIE SICH
KOMISCHE FILME AN

Miteinander lachen

Lachen ist die beste Medizin, das stimmt wirklich. Norman Cousins hat in seinem Buch *Der Arzt in uns selbst* gezeigt, welchen therapeutischen Effekt mit versteckter Kamera aufgenommene komische Szenen à la *Vorsicht Kamera!* haben können. Es gibt auch Untersuchungen darüber, dass bereits die Aussicht auf einen wirklich komischen Film unsere Körperchemie verändert.

Diese Übung ist denkbar einfach. Halten Sie sich einen Abend frei, an dem Sie daheim in der Familie und mit Freunden einen komischen Film ansehen werden und es um nichts anderes geht, als miteinander zu lachen. Das sind die Augenblicke im Leben, an die wir uns immer gern erinnern. Überlegen Sie aber nicht lange, welche Filme es denn nun sein sollen, ich stelle Ihnen für den Anfang einfach ein Rezept aus: Fangen Sie mit Mel Brooks an, um dann mit Loriot und Woody Allen noch eins draufzusetzen. Sie können natürlich auch alle ins Kino einladen; stellen Sie aber sicher, dass man anschließend zusammenbleibt und noch einmal ausgiebig in den ulkigsten Szenen schwelgt.

Ihre Welt wird nicht einstürzen, wenn Sie nicht ununterbrochen auf den vollen Ernst des Lebens eingestimmt sind; eher dürfte das Gegenteil zutreffen, denn Humor ist heilsam. Kann man einem Clown böse sein? Schalten Sie also einfach mal ab, und sehen Sie zu, dass Sie etwas finden, worüber Sie wirklich lachen können.

Es gibt übrigens auch CDs mit wunderbar komischen Sachen. So etwas sollten Sie im Auto haben, wenn Sie mit der Familie unterwegs sind. Aber lassen Sie sich bloß nicht vom Verkehrsgeschehen ablenken, wenn das Gelächter losbricht.

Übung 14

LESEN SIE COMICS

Lachend durch die Woche

Noch eine leichte Übung: Lesen Sie die Comics in der Zeitung. Die können nicht nur sehr komisch sein, sondern enthalten mitunter sogar Lebensweisheit. Zu meinem morgendlichen Ritual gehören unbedingt Charlie Brown und Blondie. Ich wüsste gar nicht mehr, wie ich meinen Tag ohne sie mit einem wissenden Lächeln beginnen sollte.

Schneiden Sie ruhig auch mal ein Cartoon aus, über das Sie lachen können. Bringen Sie es da an, wo Sie es am meisten brauchen – am Kühlschrank, an der Pinwand, im Büro. Immer wenn Ihr Blick darauf fällt, werden Sie lächeln und spüren, wie die Lebensgeister sich regen. Die allerbesten Sachen zeigen Sie in der Familie und im Freundeskreis herum – andere sollen ja auch einmal ordentlich lachen können.

Und nehmen Sie Ihre Sammlung unbedingt mit, wenn Sie kranke Freunde besuchen, die das Lachen bitter nötig haben. Ach ja: Vergessen Sie Ihren Arzt nicht.

Coaching für die Seele

Übung 15

TUN SIE ETWAS UNERWARTETES

Andere zum Lachen bringen

Wenn Sie Ihren Alltag durch Humor abwechslungsreicher machen können, wird Ihr Leben ganz entschieden interessanter. Wenn ich zum Beispiel in die Pizzeria gehe, um meine Bestellung abzuholen, versäume ich es nie zu fragen, ob denn mein chinesisches Menü fertig sei. Der Inhaber kennt das schon und lacht, aber die Angestellten sehen mich oft nur groß an und versuchen mir dann zu helfen, mich zu erinnern, wo ich eigentlich hin wollte. Und was passierte neulich, als ich wieder mal unsere Pizza abholen wollte? Richtig geraten! Drei sauber verpackte chinesische Menüschalen erwarteten mich, und der ganze Laden bog sich vor Lachen.

Von Liebe und Humor haben immer beide Seiten etwas, die gebende und die empfangende. Schaffen Sie Situationen, die die Leute zum Lachen bringen, das erzeugt einfach gute Laune. Tun Sie gezielt etwas anderes, als normalerweise erwartet wird, dann kann das Leben nie grau und trist werden. Treiben Sie Unsinn, das ist gut für die Seele.

Halten Sie also das Kind in sich lebendig, dazu soll diese Übung dienen: Tun Sie drei Dinge, die gegen alle Erwartungen verstoßen. Das muss nichts Großartiges sein. Setzen Sie sich mit Ihrem Kind zum Zeichnen und Malen hin, aber dann werden nur die Flächen um die Figuren herum farbig ausgemalt; oder laden Sie zu einem Abendessen ein, bei dem Sie ein Frühstück servieren. Seien Sie erfinderisch. Erzählen Sie gelegentlich eine haarsträubende Geschichte, als hätten Sie das gerade in den Nachrichten gehört, und lachen Sie dann „April, April" – auch wenn nicht der 1. April ist. Kurzum, tun Sie, was Bernie tun würde: Versüßen Sie sich den Tag, indem Sie bei anderen das Kind zum Vorschein bringen.

4 STIMMÜBUNGEN

Die eigene Stimme finden,
das eigene Lied singen

Wenn wir den Mut aufbringen, die Stimme
zu erheben, das Schweigen zu brechen,
machen wir den übrigen „Zurückhaltenden"
ringsum Mut, sich zu Wort zu melden und
ihre Ansichten laut zu äußern.

SHARON SCHUSTER

Coaching-Tipp

In manchen Situationen ist es besonders schwierig, den Mund aufzumachen und zu sagen, was wir denken und fühlen. In der Kindheit und Jugend verinnerlichen wir so viele Stimmen, die uns vorschreiben, was wir zu denken, zu sagen und zu tun haben – manchmal ist die eigene innere Stimme kaum noch hörbar.

So begraben wir unsere Gefühle, anstatt ihnen eine Stimme zu geben, und sagen nicht einmal mehr denen, die fragen und wirklich interessiert sind, was wir brauchen und wie es uns tatsächlich geht. So fällt es uns immer schwerer, zu anderen überhaupt Kontakt aufzunehmen. Oberflächlichen Bekannten im Supermarkt werden Sie vielleicht nicht unbedingt die ganze Wahrheit sagen wollen, wenn diese Leute fragen: „Wie geht's?". Aber es zwingt uns auch nichts, die Wahrheit geheim zu halten, jedenfalls können ohne Aufrichtigkeit nur belanglose Gespräche zustande kommen.

Neulich stellte ich vor einem Haufen Neunjähriger die Frage: „Wie geht es euch?" Alle Antworten lauteten „Gut" oder „Prima." Ich fragte: „Stimmt das auch?" Einhelliges Kopfschütteln. Sehr früh im Leben wird uns beigebracht, uns für andere zu „zensieren", aber wer sich ein gesundes, erfülltes Leben als Erwachsener wünscht, muss seine Stimme finden und die Dinge sagen, wie sie wirklich sind. Seien Sie ruhig ein Trampel. So fühlte sich ein kleiner Junge von der Lehrerin tituliert. Er hatte ungefragt seine Meinung zum Besten gegeben und war daraufhin als „Störenfried" eingestuft worden.

Um jedoch unsere Wahrheit sagen zu können, müssen wir erst einmal die eigene Stimme von den vielen Stimmen der Autorität in unserem Kopf unterscheiden lernen. Was für Stimmen aus der Vergangenheit reden immer wieder auf Sie ein? Sind das hilfreiche oder eher hinderliche Stimmen? Wenn die Stimmen nicht helfen, hören Sie einfach nicht mehr zu. Es steht Ihnen frei. Sie können solche Kommentare abändern oder streichen, und wenn Sie die Stimme gefunden haben, die wirklich Ihre eigene ist, können Sie diese Nörgelstimmen für immer zum Schweigen bringen. Natürlich müssen Sie dazu sich selbst akzeptieren, und das können Sie nur, wenn Ihnen klar ist, dass Sie wertvoll und göttlich sind – einfach weil Sie da sind.

Die Übungen dieses Kapitels wollen Ihnen bei der Annäherung an die eigene Stimme helfen und Ihnen Mut machen, sie so zu gebrauchen, wie sie gemeint ist und Ihr Leben am besten fördert.

ROLLENSPIELE

Spielen Sie Ihre Traumrolle

Wenn Sie Darsteller oder Darstellerin in irgendeinem Stück oder Film sein könnten, welche Figur würden Sie am liebsten spielen? Wären Sie gern Königin Guinevere in *Camelot* oder Eva Peron in *Evita*? Wären Sie gern Tevye in *Anatevka* oder Felix in *Ein seltsames Paar*? Wählen Sie sich für diese Übung eine Gestalt, deren Wesen und Verhalten Sie besonders beeindruckt, und versuchen Sie diese Person eine Woche lang möglichst getreu nachzubilden. Fragen Sie sich immer wieder, wie diese Gestalt sich in den Situationen Ihres Alltags verhalten würde, und dann spielen Sie die Rolle so. Sie sollten den Film natürlich vorher gesehen oder das Stück gelesen haben, damit die Gestalt Ihnen lebhaft gegenwärtig ist.

Was zum Beispiel würde diese Figur an Ihrem Arbeitsplatz tun, wenn eine Entscheidung ansteht? Wie würde sie einen Wortwechsel mit dem Ehepartner meistern oder sich von Schwierigkeiten nicht den Tag verderben lassen? Achten Sie darauf, wie sich das auf Ihren Umgang mit anderen auswirkt und wie Sie sich selbst in der Rolle und außerhalb der Rolle wahrnehmen. Wenn Sie nach dieser Woche das bewusste Rollenspiel beenden, versuchen Sie das, was Sie an dieser Gestalt besonders mögen, trotzdem für sich selbst beizubehalten. Und wenn Sie bei der Verkörperung einer Rolle zu sehr „von sich selbst abweichen", dürfen Sie auf keinen Fall hart mit sich ins Gericht gehen. Sie proben und üben ja, bis Sie der Mensch sein können, der Sie sein möchten.

ÜBEN SIE, NEIN ZU SAGEN

Grenzen setzen

In unserem Bemühen, ein braves Kind, der perfekte Ehepartner, der stets dienstbeflissene Angestellte oder der kooperative Patient zu sein, lassen wir uns manchmal auf das unmögliche Unterfangen ein, es allen recht machen zu wollen. Dann verlieren wir unsere eigenen Bedürfnisse und Grenzen aus den Augen, und das kann uns im übertragenen wie im buchstäblichen Sinne das Leben kosten. Wo wir es versäumen, angemessene Grenzen zu ziehen, belasten wir unsere Beziehungen unnötig. Lernen wir jedoch, nein zu sagen, um zu unserem wahren Ich ja zu sagen, haben wir unser Leben immer mehr selbst in der Hand, und das tut unseren Beziehungen zu anderen sehr gut.

Diese Übung soll darin bestehen, dass Sie Ihr Leben einmal auf Anlässe abklopfen, bei denen Sie ja sagen, auch wenn Ihnen eher nach nein zumute ist. Gibt es bei der Arbeit oder zu Hause irgendwelche stillschweigenden Abmachungen, die Sie gern ändern möchten? Suchen Sie sich etwas heraus, und verneinen Sie es eine Woche lang. Sagen Sie zum Beispiel nicht gleich zu, wenn jemand Sie um einen Gefallen bittet. Sagen Sie dem Betreffenden, dass Sie es sich erst überlegen müssen; aber nehmen Sie sich dann auch wirklich die Zeit, um herauszufinden, was *Sie* denn nun möchten. Und wenn Sie es nicht möchten, dann sagen Sie nein, auch wenn es unhöflich, egoistisch oder sonst wie „negativ" erscheinen mag.

Warum? Nun, Sie üben hier Überlebenstechniken ein. Ich kenne eine Frau, die Krebs hat und zu allem, was Ihr Arzt empfiehlt, erst einmal nein sagt. Erst dann nimmt er sich Zeit, Ihr die

Dinge auseinanderzulegen und ihr wirklich nahezubringen, was nach seiner Einschätzung das Beste für sie ist. Am Ende tut sie fast immer, was er sagt, aber auf jeden Fall bekommt sie die Informationen, die sie benötigt, um das Gefühl zu haben, dass sie mitreden kann, was ihre Therapie angeht. Verschaffen Sie sich am Ende dieser Übungswoche Klarheit darüber, welche Ihrer neuen Grenzen Sie beibehalten und welche Sie nicht so strikt gewahrt sehen möchten.

Aber sagen Sie weiter bedenkenlos „nein", wenn Ihnen danach ist. Versuchen Sie von Augenblick zu Augenblick so nah bei sich zu sein, dass Sie Ihre wahre Stimme sagen lassen, was sie sagen will: NEIN! Hören Sie auf, andere zu versorgen, kümmern Sie sich um sich selbst.

MACHEN SIE MUSIK

... oder singen Sie

Meine Schwiegermutter war Opernsängerin, und wenn ich mit ihrer Tochter ausgehen wollte, sie aber noch nicht fertig war, setzte ich mich ans Klavier und sang. Ziemlich falsch, es muss eine Qual für meine Schwiegermutter gewesen sein. Nachdem sie und ihre Tochter, die längst meine Frau ist, mir viele Jahre Gesangsunterricht erteilt haben, kann ich inzwischen ganz passabel singen. Einmal schlief meine Frau während einer langen Autofahrt ein, und ich fing an, so vor mich hin zu singen. Noch mit geschlossenen Augen fragte sie: „Ist das Radio an?" Das war das größte Kompliment, das mir je gemacht worden ist.

Diese Übung besteht darin, dass Sie künftig jede Gelegenheit zum Singen ergreifen, aber nehmen Sie sich fest vor, es wenigstens einmal die Woche zu tun. Singen Sie zum Beispiel „My Way", aber eben auf Ihre Art – und laut. Musik und Gesang sind Balsam für Geist und Seele. Rhythmus lässt mehr Nähe zu allem ringsum entstehen, und wenn wir selbst musizieren, werden wir in allen Bereichen unseres Lebens expressiver. Lassen Sie sich Melodien einfallen, verfassen Sie Ihre eigenen Texte dazu, kaufen Sie eine Trommel – machen Sie aus Ihrem Leben ein Lied. Wir übrigen singen die Begleitstimme.

Wenn Sie noch weiter gehen wollen, nehmen Sie Gesangsunterricht. Auf jeden Fall sollten Sie sich aber täglich ein wenig Zeit zum Singen frei halten. Wenn Sie – wie ich – keine natürliche Begabung besitzen, können Sie Ihre Familie entlasten, indem Sie nur unter der Dusche oder allein im Auto singen. Bei mir hat es jedenfalls etliche Jahre gedauert, bis meine Frau Geschmack an meiner Kunst fand.

MACHEN SIE SICH LUFT

Lernen Sie Knurren und Fauchen

Wir ersticken unsere wahre Stimme auch dadurch, dass wir unsere Gefühle unter Verschluss halten, aber das schadet uns körperlich und seelisch. Wir brauchen die Fähigkeit, unsere Gefühle zu äußern und unsere Bedürfnisse mitzuteilen. Machen Sie sich solch ein Bedürfnis bewusst, vielleicht Dinge, die Sie eigentlich sagen müssten, aber noch nie ausgesprochen haben. Was könnte schlimmstenfalls passieren, wenn Sie sich jetzt ein Herz nehmen? Wie die Menschen dann reagieren, ist deren Sache, aber bei Ihnen liegt es, ob Sie sich äußern oder nicht.

Ärger kann sehr schwer zu äußern sein, besonders für Frauen. Wenn Sie geringschätzig behandelt werden, ist es völlig in Ordnung, dem anderen einmal richtig Bescheid zu sagen, das ist überall in der Natur völlig selbstverständlich. Vor vielen Jahren spielten unsere Kinder einmal draußen, als plötzlich eine Giftschlange auftauchte, und da sie angriffslustig wirkte, ging ich hinaus und bat sie in aller Form, die Kinder nicht zu beißen. Eine Woche später suchte ich die Schlange, um mich bei ihr zu bedanken. Ich fand sie auch, aber sie sah ziemlich ramponiert aus. Auf meine Frage, was passiert sei, sagte sie: „Deine Kinder haben überhaupt keine Angst mehr vor mir und trampeln beim Spielen einfach über mich weg."

Ich sagte: „Weißt du, wenn ich dich bitte, nicht zu beißen, heißt das ja nicht, dass du nicht zischen darfst."

Nehmen Sie sich das zu Herzen, das ist der Zweck dieser Übung. Knurren Sie für den Anfang erst einmal sich selbst im Spiegel an. Bringen Sie alle damit verbundenen Gefühle zum

Ausdruck. Zuerst lieber allein. Aber wenn es einen Anlass gibt, dann teilen Sie diese Gefühle auch dem Menschen mit, dem sie gelten. Wenn es in der Familie geschieht, erklären Sie, was Sie da tun – und denken Sie immer daran, dass Zorn über das Verhalten eines anderen keineswegs die Liebe zu diesem Menschen ausschließt.

HALTEN SIE EINE REDE

Verschaffen Sie sich Gehör

Eine Stimme ist dazu da, dass man sie gebraucht. Gott hätte kaum so viele stimmgewaltige Kreaturen in die Welt gesetzt, wenn er gewollt hätte, dass sie den Mund halten. Kinder und Tiere wissen, dass man einfach Krach schlägt, wenn man etwas will.

Durch die Übungen dieses Kapitels werden Sie mit Ihrer Stimme vertraut geworden sein – jetzt wird es Zeit, eine richtige Ansprache zu halten und einige Ihrer Gedanken mitzuteilen. Nach der Erziehung, die wir im Allgemeinen genießen, fällt es vielen Menschen sehr schwer, sich vor einer Gruppe anderer zu äußern. Eltern und Lehrer wurden nicht müde, uns zum Schweigen zu ermahnen, damit wir nur ja niemanden stören. Deshalb trauen sich die meisten Menschen nicht, das Wort zu ergreifen, und bei der Aussicht, eine Rede halten zu müssen, geraten sie in Panik. Aber es ist eine wunderbare Chance, mehr Vertrauen zu sich selbst und Ihrer Stimme zu bekommen – und sich einmal Gehör zu verschaffen.

Suchen Sie Anschluss an eine Organisation wie Toastmasters International oder belegen Sie irgendwo anders einen Redekurs oder bieten Sie im Elternbeirat der Schule Ihrer Kinder eine Rede zu einem aktuellen Thema an. Sollte sich sonst keine Gelegenheit ergeben, dann arbeiten Sie einfach eine Rede aus und halten Sie vor Angehörigen und Freunden. Wählen Sie ein Gebiet, auf dem Sie wirklich sattelfest sind. Und jetzt lassen Sie andere an all Ihren wunderbaren Ideen teilhaben, und beobachten Sie, wie befreiend das wirken kann.

5 TEAMGEIST

Schmieden Sie Ihr Team, und nehmen Sie an der Weltmeisterschaft des Lebens teil

Zusammenzukommen ist ein Anfang.
Zusammenzubleiben ist Fortschritt.
Zusammenzuarbeiten ist Erfolg.

HENRY FORD

Coaching-Tipp

Menschen sind von Natur aus gesellig, sie brauchen auf ihrer Reise durchs Leben den Rückhalt anderer und den Austausch mit ihnen. Wenn Sie anderen Mut machen können, haben Sie davon ebenso viel wie diese anderen. Es entsteht ein Netzwerk der gegenseitigen Unterstützung, auf das Sie in schweren Zeiten zurückgreifen können. Wer diese Unterstützung in Familie und Freundeskreis erfahren hat, kann sich glücklich schätzen. Manch einer wird es nie oder nur gelegentlich erlebt haben. Wir alle müssen jedoch die Zusammenarbeit im Team üben. Beim „Anpfiff" müssen wir sicher sein können, dass jede Position besetzt ist und alle wissen, wie das Zusammenspiel funktioniert.

Wer ist in Ihrer Mannschaft? Brauchen Sie mehr Spieler? Springen Sie für andere Mitglieder ein, wenn diese Probleme haben? Ein Team braucht Zusammenarbeit im Interesse des Ganzen. Jeder muss den anderen zuhören und zur Stelle sein, wenn es eng wird. Leicht kann es passieren, dass wir nur an uns selbst denken und vergessen, dass die anderen von uns ebenso abhängig sind wie wir von ihnen. Lassen Sie andere an Ihrem Leben teilhaben, und nehmen Sie wahr, was im Leben Ihrer Angehörigen und Freunde vorgeht – so entstehen Nähe und gegenseitiges Verständnis und damit Teamgeist.

Die Übungen dieses Kapitels werden Ihnen helfen, Mitglieder für Ihr Erfolgsteam der gegenseitigen Unterstützung im Leben zu gewinnen.

LEGEN SIE
EIN SAMMELALBUM AN

Verstreutes zu einem Ganzen fügen

Eine Bestandsaufnahme unserer Vergangenheit ist so wichtig wie der Überblick über die Gegenwart, und ein Sammelalbum ist eine wunderbare Möglichkeit, dieses Bild der Vergangenheit zu schaffen. Das kann eine sehr bewegende und aufschlussreiche Tätigkeit sein, vor allem wenn dabei frohe Erinnerungen an das Team wach werden, das uns dorthin brachte, wo wir heute sind. Außerdem wird Ihr Album als Andenken für weitere Generationen Ihrer Familie erhalten bleiben.

Kaufen Sie sich also ein schönes Album, dessen Umschlag Sie anspricht, dazu alles, was sonst noch nötig sein könnte, zum Beispiel Aufkleber und ein paar Bögen Schmuckpapier für besondere Zwecke. Und jetzt tragen Sie erst einmal alle alten Fotoschachteln und Sammlungen von Erinnerungsstücken zusammen. Ziehen Sie die infrage kommenden Schubladen auf, und fördern Sie die Döschen, Schalen und Umschläge ans Licht, die seit Ewigkeiten dort verwahrt werden. Das kann einem erst einmal als ein gewaltiges Projekt erscheinen, aber glauben Sie mir, wenn Sie erst richtig eingestiegen sind, ist es keine Arbeit mehr. Sehen Sie sich all die Dinge an, und Sie werden die Geschichte Ihres Lebens noch einmal durchleben. All das gehört auch zu Ihrer Unsterblichkeit.

Legen Sie Ihr Album an, wie Sie möchten – chronologisch oder nach Themen wie Hochzeiten, Geburtstage, Urlaube, Freunde, Sport, Auszeichnungen und so weiter. Wenn Sie jetzt

Fotos und andere Dinge einkleben, schreiben Sie jeweils Überschriften dazu, sodass jeder sich Ihre Sammlung später mit Gewinn ansehen kann. Notieren Sie dort auch Namen und Einzelheiten, Ihre Erinnerungen und Kommentare und alles, was Ihnen mitteilenswert erscheint. Meine Frau und ich haben das für unsere Kinder so gemacht, damit sie einfach ein Bild von der Geschichte ihrer Familie haben.

Nehmen Sie sich bei Ihrer Dokumentation auch Zeit, all das noch einmal in sich wach werden zu lassen, was Sie in der Familie und mit Freunden, Bekannten, Haustieren erlebt haben, mit all denen, die Ihr Leben durch Höhen und Tiefen begleitet haben. Wenn Sie fertig sind, präsentieren Sie das Album natürlich Ihren Lieben. Es wird sich manche Gelegenheit finden, über einst so schwierig wirkende Dinge zu lachen und die in den Erinnerungen nach wie vor wache Liebe zu spüren.

FEIERN SIE OHNE ANLASS

Ein festlicher Reigen

Was könnte schöner sein als ein gemeinsames Essen mit Angehörigen und Freunden? Ziehen Sie es einmal etwas anders auf, als Überraschungsparty: Laden Sie alle ein, aber verraten Sie den Anlass nicht. Wenn die anderen dann kommen, werden sie nicht schlecht staunen, dass sie gefeiert werden sollen und nicht der Gastgeber. Sie sollen es sich einfach nur gut gehen lassen, und darüber hinaus wird überhaupt nichts von ihnen erwartet.

Es gibt etwas, das Ihren Kreis besonders vertrauter Menschen noch besser zusammenschmiedet, und das sind regelmäßige gemeinsame Essen, zu denen jeder etwas mitbringt. Reihum kann jeder einmal Gastgeber sein und braucht dann gar nichts zu tun, weil die Gäste für alles sorgen. Hier kann jeder seine Kreativität spielen lassen und etwas Besonderes beisteuern, was in Erinnerung bleibt.

Bei Ihrer Party jedenfalls, wenn alle sich munter und ungezwungen unterhalten, könnten Sie einen Austausch von alten Geschichten vorschlagen, bei denen die Anwesenden beteiligt waren. Zeigen Sie alte Fotos oder Videos, auf denen die Leute zu sehen sind. Erzählen Sie selbst die Geschichte aus Ihrer Sicht dazu und fordern Sie auch die anderen auf zu erzählen, was sie dazu in Erinnerung haben. Wenn es sich einrichten lässt, halten Sie Kopien bereit, die die anderen mit nach Hause nehmen und dort noch einmal in Ruhe betrachten können, um die nie abreißende herzliche Verbundenheit in diesem Kreis immer wieder zu spüren. Legen Sie mit der Zeit auch eine Sammlung der in diesem

Kreis erzählten Geschichten an – noch so ein wunderbares Geschenk für jeden Einzelnen. Man trifft sich zum gemeinsamen Essen, aber der Geschmack, den das Ganze im weiteren Verlauf annimmt, kann sehr viel mehr enthalten.

SCHLIESSEN SIE EINE NEUE FREUNDSCHAFT

Je mehr, umso lustiger

Freunde sind in unserem Team von größter Bedeutung, man kann nie genug Freunde haben. Wenn bei Ihnen wieder einmal etwas zu feiern ist, laden Sie zusätzlich einen Nachbarn oder Arbeitskollegen ein, den Sie nicht besonders gut kennen. Wenn Sie den Mut haben, können Sie das noch weiter ausbauen und für bedürftige Menschen etwas veranstalten oder sie zu sich einladen. So erleben diese Menschen einmal einen wirklich erfreulichen Tag, an dem es auch noch etwas Gutes zu essen gibt. Wenn es sich ergibt, können Sie in der Runde anregen, dass jeder erzählt, was er in seinem Leben als dankenswert empfindet.

Möchten Sie noch weiter gehen? Laden Sie jemanden ein, mit dem Sie sich gar nicht gut verstehen. Freundlichkeit ist eine schier unwiderstehliche „Waffe", die aus Feinden Freunde machen kann. Vielleicht schlägt dieser Mensch die Einladung aus, aber schon die bloße Tatsache dieser Einladung könnte in Ihrer Beziehung etwas in Bewegung bringen.

Wir denken zu selten daran, dass schon kleine freundliche Gesten etwas bewirken. Lächeln Sie Ihrem Nachbarn also zu, sooft Sie ihm begegnen, und legen Sie ein Datum für Ihre nächste Party fest.

Übung 24

TUN SIE ETWAS FÜR DAS GANZE

Engagieren Sie sich für die Gemeinschaft

Was bedeutet Gemeinschaft? Für mich umfasst Gemeinschaft alles, was auf dieser Erde existiert. Wir brauchen einander, um überleben zu können. Sicher, der Schöpfer hat das Ganze ein bisschen kompliziert angelegt, aber so ist es auf jeden Fall interessant. Ich wüsste auch nicht immer zu sagen, wozu bestimmte Insekten, Schlangen, Fische, Leute und so weiter gut sind, aber es scheint, dass wir wirklich alle notwendig sind. Alles, was wir tun und was daraus wird, bildet einen großen Zusammenhang. Sie sind natürlich auch ein Bestandteil der großen Gemeinschaft. Nichts ist davon ausgenommen.

Diese Übung beinhaltet, dass Sie sich in irgendeiner Weise für das Gemeinwesen engagieren, sei es Ihr Wohnort, Ihr Land oder die Welt. Arbeiten Sie bei einer Umweltorganisation oder im kommunalen Sozialdienst mit. Arbeiten Sie mit Kindern, und vermitteln Sie ihnen ein Gefühl für die Gemeinschaft, die das Ganze dieser Welt ausmacht.

Engagieren Sie sich auch finanziell, wenn Sie können. Spenden Sie für eine Hilfseinrichtung Ihrer Wahl, und wenn Sie kein Geld übrig haben, sind vielleicht ihre Zeit und Ihr Können willkommen. Fragen Sie sich bei allem, was Sie entscheiden: „Ist das, was ich vorhabe, nicht nur für mich, sondern auch für das Ganze gut?"

Und wenn es Ihnen wirklich Ernst ist mit Ihrem Engagement für das Gemeinwesen, können Sie sich in ein öffentliches Amt wählen lassen. Dann sind Sie ganz direkt am Zustandekommen der Entscheidungen beteiligt, die dem Gemeinwesen jetzt und in der Zukunft am besten dienen.

Coaching für die Seele

Übung 25

TRETEN SIE EINER SELBSTHILFEGRUPPE BEI

Lassen Sie sich unterstützen

Eines unserer Grundprobleme besteht darin, dass wir den Kopf voller Sorgen haben. Wir stellen die bange Frage, was morgen sein wird, und malen uns gern das Allerschlimmste aus. Dann brauchen wir Hilfe, um mit unseren Ängsten und Sorgen fertig zu werden. Die treffen zwar erfahrungsgemäß nur selten ein, aber das spielt keine Rolle, wenn wir gerade mal wieder den Teufel an die Wand malen.

Zu was für Sorgen neigen Sie? Diese Übung soll darin bestehen, dass Sie einer Selbsthilfegruppe zu dieser Thematik beitreten oder selbst eine ins Leben rufen. Falls Sie Letzteres ins Auge fassen, sprechen Sie Angehörige und Freunde mit ähnlichen Tendenzen an und verabreden Sie, dass man sich einmal die Woche trifft. Gründen Sie also Ihren eigenen Ortsverein der „Anonymen Sorgenmacher" – er wird sich großer Beliebtheit erfreuen.

Wie hilft eine Selbsthilfegruppe? Ganz einfach, die „Einheimischen" – also die Leute, die täglich in und mit diesem Problem leben – wissen, wie man sich gegenseitig unterstützen kann. Wenn Sie etwas sehr Schwieriges durchzustehen haben, brauchen Sie keine so genannten Ratschläge und Hilfestellungen von „Touristen", die keinen blassen Schimmer haben, wie es Ihnen geht. Stürmische Ereignisse nehmen wir nicht mit dem Verstand auf, etwa so, wie wir eine Diagnose oder den Bericht über eine Katastrophe lesen würden. Es sind seelische Erfahrungen, die nur die Betroffenen selbst kennen. In Selbsthilfegruppen finden sich gleichartige Menschen zusammen, die einander einfühlsam und urteilsfrei über ähnliche Schwierigkeiten hinwegzuhelfen versuchen. Hier wird Ihrer Geschichte Gehör geschenkt, und alle anderen erzählen ebenfalls ihre Geschichte, was Ihnen manche Einsicht vermittelt und dazu das Gefühl, nicht alles allein bewältigen zu müssen.

Eine Warnung zum Schluss: Es gibt Gruppen und Einzelne, die ihre Nöte geradezu kultivieren, weil man dadurch Aufmerksamkeit bekommt. Sollten Sie also merken, dass Sie in eine „Opfergruppe" geraten sind, dann gehen Sie bitte nicht wieder hin. Suchen Sie sich einfach eine andere, in der Liebe zu spüren ist und Heilung gesucht wird.

6 VON HERZEN

Tun Sie, was Sie mit Liebe tun

*Mit Begeisterung tun, was man tut, und das Gefühl haben,
dass es zählt – was könnte mehr Spaß machen?*

CATHERINE GRAHAM

Coaching-Tipp

Nicht Ihr Kopf, sondern Ihr Herz sollte entscheiden, was Sie mit Ihrem Leben anfangen. Sie sind erschaffen worden, um das zu tun, was Sie von Herzen gern tun. Wenn das Herz voll ist, vor allem voll Freude, spiegelt sich das in der Gesundheit von Körper, Gemüt und Geist. Ihr Leben wird sich runder anfühlen, wenn Ihre Entscheidungen aus dem Herzen kommen.

Wenn Sie beruflich das tun, was Sie gern tun, wird es Ihnen kaum je als Arbeit erscheinen. Aber wie viele von uns empfinden so? Der Montag hat eine erhöhte Krankheits- und Sterblichkeitsrate, einfach weil die Menschen ungeliebten Tätigkeiten nachgehen, um ihren Lebensunterhalt zu verdienen. Manche schlagen eine bestimmte Laufbahn ein, weil sie sich dazu verpflichtet fühlen, oder sie wollen einfach mehr verdienen als andere. Nur zu oft erweisen sich Joseph Campbells mahnende Worte als richtig: „Du kletterst die Erfolgsleiter hoch, und wenn du oben ankommst, stellst du fest, dass sie an der falschen Wand lehnt."

Einmal bat mich eine befreundete Ärztin, einen von ihr verfassten Artikel zu lesen. Darin ging es um Persönlichkeitstypen, die traumatische Ereignisse überstehen, an denen die meisten anderen zerbrechen. Vor allem beeindruckte mich der Umstand, dass Menschen, die Liebe geben können, am ehesten überleben. Nach der Lektüre sagte ich zu meiner Freundin, die Idee des „Liebes-Gens" fände ich wunderbar. Sie erwiderte, sie habe gar nicht von einem Liebes-Gen, sondern vom „Überlebens-Gen" gesprochen – aber meine Umdeutung gefalle ihr sehr. Liebes-Gen ist gar nicht so weit hergeholt. Wenn wir tun, was wir von Herzen gern tun, wirkt sich das auf den Körper aus und kann Wunder bewirken.

Manchmal muss das Leben erst in eine Krise geraten, damit wir endlich auf das hören, was unser Herz uns sagen will. Ich habe Menschen erlebt, die auf die Nachricht hin, dass sie nicht mehr lange zu leben haben, sofort mit ihrer ungeliebten Tätigkeit aufhörten und nur noch das taten, was sich für sie richtig anfühlte. Bei einem Mann, den ich kenne, war es so, dass man ihm mitteilte, er habe nur noch Monate zu leben. Er zog gleich darauf in die Berge von Colorado um. Als ich eine Weile nichts mehr gehört hatte und auch nicht zur Beerdigung eingeladen worden war, rief ich seine Frau an. Er war jedoch selbst am Apparat und sagte: „Hier ist es so schön, dass ich vergessen habe zu sterben."

Tun Sie also, was Sie von Herzen gern tun. Das kann vielleicht Ihren Körper müde machen, aber Sie werden Ihres Lebens nie müde sein! Werfen Sie das Leben, das Sie umbringt, über Bord. Damit retten Sie Ihr wahres Leben.

KOCHEN SIE ETWAS

Nahrhaftes für den ganzen Menschen

Manche kochen gern, andere sehen es als Arbeit. Deshalb wird diese Übung einigen von Ihnen leicht fallen und anderen ein wenig abverlangen. Wir alle müssen essen – warum also nicht etwas zubereiten, was nicht nur den Körper, sondern auch Herz und Seele ernährt?

Ich sehe das Kochen als eine sehr kreative Kunst und bewundere Menschen, die es wirklich können. Zurzeit gehe ich bei ein paar sehr begabten Vertretern dieser Kunst in die Lehre. Was für eine Gabe: etwas zubereiten zu können, was nährt *und* Freude macht! Das soll bei dieser Übung Ihr Ziel sein. Suchen Sie ein Rezept heraus, das Ihnen richtig Lust macht und Ihrem Können entspricht, und dann kochen Sie für die Familie und gute Freunde. Machen Sie einen besonderen Anlass daraus, und richten Sie das Esszimmer entsprechend her: das gute Porzellan, Räucherwerk oder Duftkerzen, schöne Musik oder was sonst dazu dienen kann, diesem Ereignis den Anstrich des Besonderen zu geben.

Aber machen Sie sich keinen Druck. Wenn Sie das, was Ihnen vorschwebt, nicht mühelos beherrschen, planen Sie lieber ein einfacheres Essen. Die Zubereitung soll eine entspannte, vergnügliche Tätigkeit sein. Bereiten Sie alles gut vor, damit keine Hektik entsteht. Stellen Sie Kleinigkeiten bereit, die Sie den Gästen gleich anbieten können, wenn sie eintreffen. Sehen Sie zu, dass Sie genügend Zeit haben, um Ihre Kreation schon in der Vorbereitungsphase genießen zu können. Wenn ein Mahl vom Herd der Liebe kommt, ist es für jeden nahrhaft.

Und Sie selbst bestimmen die Zutaten für das Rezept Ihres Lebens.

STERNENLICHT, KERZENSCHEIN

Ruhe und Besinnung

Während ich dies schreibe, sind Elektriker in meinem Haus beschäftigt und versuchen herauszufinden, weshalb der Schutzschalter immer wieder ausschnappt und uns im Dunklen sitzen lässt. Vielleicht will der Schöpfer mir sagen, dass es an der Zeit ist, Pause zu machen und still im Kerzenschein oder draußen im Mondlicht zu sitzen. Den Frieden genießen und in den Sternenhimmel blicken. Es ist ja auch wirklich so, dass zu viel künstliches Licht Stress erzeugen kann.

Als meine Mutter erblindete, hatte das für sie den Vorteil, dass Sie nicht mehr sehen konnte, ob das Haus auch wirklich sauber genug war, wenn Gäste erwartet wurden. Eigentlich wurde ihr Leben einfacher, weil sie mit ihren Gedanken nicht mehr ständig beim Aufräumen und Saubermachen sein musste.

Löschen Sie heute Abend einmal die Lichter. Setzen Sie sich draußen zu den Sternen, und tauchen Sie in das Licht der Schöpfung ein. Wenn das Wetter nicht danach ist, bleiben Sie einfach still in der Dunkelheit Ihrer Wohnung sitzen. Zünden Sie Kerzen an oder machen Sie Feuer, irgendetwas, das Sie wärmt und Ihre Energien auffrischt. Machen Sie sich bewusst, wo Sie unnötigen Stress in Ihrem Leben erzeugen, und nehmen Sie sich fest vor, das zu ändern. Wenn der Schutzschalter in Ordnung gebracht wird, haben Sie wieder Licht im Haus; wenn Sie Ihre Wünsche und Erwartungen aufräumen und zu einem Gefühl der Dankbarkeit zurückfinden, haben Sie wieder Licht in Ihrem Leben.

ERFINDEN SIE EIN SPIEL

So finden Sie heraus, was Sie gern tun

Es gibt kreative Ansätze der Selbsterforschung, die Ihnen allerlei neue Einsichten, wenn nicht Offenbarungen vermitteln können. Bei dieser Übung werden Sie aus Ihrem eigenen Leben ein
Brettspiel machen, um ein paar Dinge zu entdecken, die Sie wirklich gern tun.

Nehmen Sie ein großes Stück Pappkarton und malen Sie am
Rand entlang quadratische Felder wie bei Monopoli. In die Felder schreiben Sie wichtige Ereignisse Ihres Lebens, mögliche
künftige Ereignisse und Lebensträume. Hier und da lassen Sie
ein Feld leer. Lassen Sie Ihre Gedanken und Gefühle schweifen,
während Sie überlegen, was Sie schreiben wollen. Lassen Sie
keine Möglichkeit außer Betracht.

Jetzt nehmen Sie zwanzig oder dreißig leere Karteikärtchen
und notieren darauf alle möglichen Tätigkeiten: was Sie wirklich
gern tun, was Sie aufbaut, was Sie fertig macht, was Sie nicht aus-
stehen können und so weiter. Wenn Ihnen nichts einfallen will,
erinnern Sie sich an Ihre Kindheit und alles, was Sie damals gern
oder ungern getan haben. Jetzt brauchen Sie noch irgendetwas
Kleines als Spielfigur, das Sie repräsentieren soll. Nehmen Sie etwas, das eine positive Bedeutung für Sie hat. Jetzt würfeln und
ziehen Sie – durch das Spiel Ihres Lebens. Wenn Sie auf einem
leeren Feld landen, drehen Sie eine Karte um und lesen, was Sie
tun sollen.

Es ist Ihr Leben. Spielen Sie das Spiel, und vergessen Sie nicht: Sie sind hier, um zu spielen und das zu tun, was Sie liebend gern tun. Es geht nicht um Gewinnen oder Verlieren; es geht darum, zu leben und das Spiel zu erleben. Sie haben schon gewonnen, einfach weil Sie angetreten sind.

LASSEN SIE IHR HERZ ENTSCHEIDEN

Fragen und Antworten

Manchmal hängen wir so in unseren eingefahrenen Geleisen fest, dass wir nur noch müde oder deprimiert sind und uns nicht einmal besser fühlen, wenn wir frei haben und uns ausruhen können. Es liegt daran, dass wir zu lange nicht mehr auf unsere Gefühle geachtet haben und nicht mehr hören, was unser Herz sagt. Unser inneres Kind möchte gehört werden und das tun, was ihm gut tut; es möchte seine Energien verheizen, aber nicht ausbrennen.

Für diese Übung müssen Sie meditieren. Suchen Sie sich ein Plätzchen, an dem Sie ungestört sind, und hier entspannen Sie sich. Lauschen Sie auf Ihre innere Stimme. Sie können zu Beginn ein paar Mal tief durchatmen, wenn es sich für Sie natürlich anfühlt. Achten Sie auf die Bewegung von Brust und Bauch, bis Sie ganz entspannt sind. Und jetzt die Herzensfrage: Was tun Sie wirklich gern? Was würden Sie heute gern tun? Entriegeln Sie Ihr Schatzkästlein, und horchen Sie, was für Antworten kommen.

Lassen Sie alles zu, was Ihre Gefühle Ihnen sagen wollen. Wenn Sie für die Umsetzung dessen, was Ihr Herz Ihnen aufträgt, Hilfe benötigen, können Sie auch dafür einfach um Anleitung bitten. Die Antwort liegt in den Empfindungen des Herzens, nicht in den Gedanken des Verstandes. Seien Sie auf überraschende Antworten gefasst – hier könnte eine Reise zu neuen Ufern beginnen.

IHR BERUFSFRAGEBOGEN

Tun Sie gern, was Sie tun?

Lieben Sie Ihre Arbeit? Langweilen Sie sich dabei? Hassen Sie dieses Aufstehen jeden Tag? Sind Sie schon müde, wenn Sie noch gar nichts Anstrengendes getan haben? Finden Sie selten etwas, worüber Sie lächeln oder lachen können? Brauchen Sie Kaffee, um in Gang zu bleiben? Dazu jetzt ein kleiner Fragebogen, mit dem Sie vielleicht Ihre Gedanken auf den Punkt bringen können:

Notieren Sie bei jeder Frage eine Ziffer von 1 bis 5.
Die Ziffern bedeuten:

> 1 = nie;   2 = selten;   3 = manchmal;
> 4 = oft;   5 = ständig.

- Haben Sie Mühe, sich anhaltend zu konzentrieren, oder schweifen Ihre Gedanken bei der Arbeit ab?

- Haben Sie, wenn Sie von der Arbeit nach Hause kommen, das Gefühl, eigentlich gar nichts zustande gebracht zu haben?

- Denken Sie bei der Arbeit an alle möglichen anderen Dinge, die Sie stattdessen tun könnten?

- Erwischen Sie sich bei dem Gedanken, diesen Job hinzuschmeißen und eine wirklich spannende neue Laufbahn einzuschlagen?

- Wünschen Sie sich, Sie hätten einen anderen Chef oder andere Kollegen, Auftraggeber, Kunden?

- Haben Sie das Gefühl, zu wenig Anerkennung und Lob für Ihre Arbeit zu bekommen?

- Haben Sie nach Feierabend das Gefühl, dass es Ihrer Arbeit an Sinn mangelt?

Sehen Sie sich Ihre Antworten an. Wenn sie überwiegend 4 oder 5 lauten, haben Sie zwei Möglichkeiten: Ihre Einstellung ändern oder den Job wechseln. Wenn Sie Ihre Einstellung ändern möchten, müssen Sie die Menschen in Ihrem Arbeitsumfeld anders sehen lernen. Interessieren Sie sich mehr für diese anderen und ihr Leben, überlegen Sie, wie Sie ihnen helfen und nützen können – Sie werden das Gefühl bekommen, dass Ihr Arbeitseinsatz durchaus der Mühe wert ist.

Falls Sie sich eine andere Arbeit wünschen, setzen Sie sich erst einmal hin, um alles aufzuschreiben, was Sie gern tun. Dann fragen Sie sich, welcher Beruf zu diesen Vorlieben passen würde. Wenn Sie zum Beispiel gern schreiben, würde es nahe liegen, einen Roman oder Gedichte oder Ihren Lebensbericht zu verfassen. Oder fragen Sie bei Zeitungen nach, ob Sie dort Artikel unterbringen können. Volontieren Sie, um sich ein Bild von den infrage kommenden Jobs zu machen. Wenn Sie Tiere lieben, können Sie unentgeltlich im Tierheim aushelfen. Schließlich, wenn Sie sich ausreichend in möglichen Berufsfeldern auskennen, müssen Sie Ihrem Herzen folgen und die Arbeit finden, die Sie wirklich gern tun. Das könnte im Fall der Tierliebe bedeuten, dass Sie Veterinärmedizin studieren, im Tierschutz tätig werden oder ein Heim für heimatlose oder ausgesetzte Tiere aufbauen.

7 GEHEN SIE IN DIE SONNE

Wie Mutter Natur nährt und heilt

Steig in die Berge und hör dir an,
was sie Gutes zu sagen haben.
Der Frieden der Natur wird in dich einströmen
wie Sonnenschein in die Bäume.
Der Wind wird dir seine Frische einblasen,
der Sturm seine Kraft, und Sorgen fallen von dir ab
wie Herbstlaub.

JOHN MUIR

Coaching-Tipp

Die Natur steht immer bereit, ist immer zugänglich und kann die Seele heilen wie kaum ein anderes Mittel. Wann immer der Stress Überhand nimmt, wenn Sie durcheinander sind oder trübsinnig werden, gehen Sie nach draußen, und bitten Sie die Natur, Ihnen etwas zu Ihren Problemen zu raten. Dann lauschen Sie nur noch, beobachten Sie Wasser, Wind, die Vögel und Tiere und alles, was sonst noch da ist. Es wird Ihnen nicht entgehen, wie viel besser Sie sich fühlen, wenn die Natur Ihnen antwortet.

Die meiste Zeit haben wir ja den Lärm der Zivilisation im Ohr: Hupen, Maschinen, Martinshörner. Wir merken nicht einmal mehr, wie sehr uns diese Geräusche beeinträchtigen. Welche Laute wirken beruhigend auf Sie, welche erzeugen Angst?

Wenn Ihre Seele Auslauf und Betätigung braucht, gibt es kein besseres Sportgelände als die Natur.

Tauchen Sie so oft Sie können in die Harmonie der Natur ein, in der alle Sinne wohltuende Ruhe finden. Naturbetrachtung heilt und hilft Ihnen Ruhe zu bewahren, sei es im Verkehrsgewühl, in einem Krankenhauszimmer, im Büro oder bei der Arbeit daheim. Wenn Sie durchs Fenster nur irgendein Stück Natur sehen, kommen Sie mit allem besser zurecht und bauen weniger Stress auf.

Bleiben Sie auf Tuchfühlung mit Mutter Natur. Gehen Sie nach draußen in die Sonne, und vertrauen Sie darauf, dass Sie alles überstehen werden, was es auch sei.

EIN NATURGEDICHT

Die Welt, ein Fest

Ein Gedicht über die Schönheit ringsum, von Ihnen verfasst, ist eine wunderbare Möglichkeit, Ihren Beobachtungen und Gefühlen Ausdruck zu geben und die Natur in ihrer ganzen Fülle zu feiern. Wer Sinn für die Schönheit der Natur entwickelt, lernt auch sich selbst mehr zu schätzen.

Packen Sie Tagebuch, Notizblock oder passendes Schmuckpapier und dazu ein Schreibgerät ein, das Sie besonders mögen, und dann gehen Sie allein in den Park, an den Strand oder auch einfach in Ihren Garten. Nehmen Sie all das Schöne ringsum wahr, lauschen Sie der Stille. Machen Sie sich unterwegs innerlich und auf Papier Notizen zu dem, was Ihnen begegnet, und schildern Sie, wie es auf Sie wirkt. Ich weiß noch, wie einmal ein Hirschkalb meinen Weg kreuzte und ich die Schönheit der Natur plötzlich noch intensiver wahrnahm.

Wenn Sie Ihr Umfeld einige Zeit erkundet haben, suchen Sie sich einen Sitzplatz, an dem Sie sich wohl fühlen, und schreiben Sie etwas über diese Welt, die Sie da ringsum sehen. Versuchen Sie etwas ganz Frisches und Originelles zu finden – über das Meer, einen Baum, eine Blume, einen Vogel. Als Nächstes versuchen Sie sich an einem Gedicht. Etwas Poetisches muss sich nicht unbedingt reimen. Tasten Sie Ihre neue Wahrnehmung der Dinge ab und versuchen Sie, Worte dafür zu finden.

Lassen Sie die Worte ohne viel Nachdenken fließen, geben Sie kein Urteil dazu ab.

So entsteht eine tiefe Naturverbundenheit, in der Sie mehr und mehr von dem sehen, was Sie vor sich haben. Teilen Sie Ihre Eindrücke von dieser Schönheit mit, und lesen Sie Ihre Gedichte immer dann, wenn Sie sich ausgelaugt fühlen. Die Wunder der Natur werden Sie wieder zum Leben erwecken.

GÄRTNERN SIE

Mit den Händen in der Erde

Ich finde Gartenarbeit herrlich, um in die Natur einzutauchen und an ihrem Schöpfungswerk mitzuwirken. Nur wenig andere Tätigkeiten fühlen sich für mich so bereichernd an, wie draußen im Garten zu sein und mich am Werk der Erde zu beteiligen. Von Natur umgeben, komme ich zur Ruhe, und gleichzeitig weckt es die Lebensgeister.

Diese Übung soll darin bestehen, dass Sie Gemüse oder Blumen anpflanzen. Wenn Sie einen Garten haben, ist es besser, die Fläche klein zu halten, damit unser Vorhaben nicht in ein Projekt ausartet und Sie Ihre Plantage täglich pflegen können. Stadtbewohner ohne Garten können Blumenkästen bepflanzen oder in der Wohnung einen Garten aus Topfpflanzen anlegen.

Beim Gärtnern freue ich mich immer bei dem Gedanken, dass manches von dem, was ich pflanze, noch für andere da sein wird, die nach mir kommen. Durch das, was ich schaffe, kann Leben weitergehen und wachsen. Ich lasse auch das Rasenmähen nicht von einer Firma machen, einfach weil da manchmal kleine Bäumchen wachsen, die nicht einfach umgemäht werden sollen. Ich sehe zu, ob ich sie an ihrem Platz lassen kann; wenn nicht, pflanze ich sie um. Was ich an Schönem für die Welt bewahren kann, ist für mich selbst alle Tage ein Geschenk. Jedes Jahr sehe ich die Bäume wachsen und blühen, wie ich damals unsere Kinder Jahr für Jahr habe größer werden sehen. Bei diesen kleinen Tätigkeiten fühle ich mich als Teil von etwas Größerem und mit allem Lebendigen verbunden.

Betrachten Sie einmal sich und die wichtigen Menschen in Ihrem Leben als Bäume und Blumen. Wie kann man deren Wachstum fördern? Was nährt Sie, was gibt Ihnen selbst und diesen anderen Menschen starke Wurzeln und dazu Äste, die sich nicht scheuen, nach den Sternen zu greifen?

PFLANZEN, DÜFTE UND TIERE

Holen Sie die Natur ins Haus

Menschen bauen sich Unterkünfte, um vor den Unbilden und Gefahren der Natur geschützt zu sein. Unsere modernen Behausungen schirmen uns allerdings auch gegen die Natur ab, und es wird Zeit, dass wir sie wieder in unsere Häuser holen. In dieser Abschirmung gegen die Umwelt fühlen wir uns nämlich zunehmend vom Leben abgeschnitten, was uns krankheits- und stressanfällig macht. Die moderne Lebenswelt einschließlich unserer Wohnungen ist voller elektronischer Geräte, die das Persönliche zunehmend verdrängen.

Aber Natur ist überaus wichtig für Gesundheit und Glück. Mein Haus ist voller Pflanzen und Tiere, die ich täglich versorge. Sie geben meinem Leben einen Sinn und verbinden mich mit der Natur. Pflanzen reinigen überdies die Luft und sind ein wohltuender Anblick, passende Düfte im Haus schaffen eine Atmosphäre der Stille.

Diese Übung beinhaltet, dass Sie für Wohnung und Büro Pflanzen kaufen und sich die Zeit nehmen, sie regelmäßig zu versorgen. Überlegen Sie auch, ob Sie nicht ein Haustier halten können. Und reichern Sie Ihr Lebensumfeld mit behaglichen Düften an, zum Beispiel mit etwas, das Sie an Ihre Kindheit erinnert. Sie werden sich wohler und gesünder fühlen, wenn Sie drinnen wie draußen in der Natur sind.

WASSERBETRACHTUNG

Die beruhigende Wirkung des Wassers

Augenblicke gelassener Ruhe sind in unserem Leben nicht ganz leicht zu finden. Eigentlich haben wir immer gerade etwas vor, gehen vom einen zum nächsten und haben ständig lange Listen von Erledigungen abzuarbeiten. Die Natur dagegen hat zwar ihre Jahreszeiten, aber keinen Terminkalender. Wer Schönheit und Stille sucht, die der Seele Frieden geben können, findet sie am ehesten in der Natur.

Wenn ich auf Hawaii bin, stehe ich in geradezu ehrfürchtigem Staunen vor dieser ganzen Naturschönheit – Berge, Meer, wunderbare Pflanzen, blauer Himmel und immer wieder Regenbogen, Symbole des Göttlichen. Sehen Sie sich eine der Schöpfungen Gottes, Wasser, einmal genauer an, das soll der Inhalt dieser Übung sein. Suchen Sie sich einen Tümpel, Teich oder See, der still und glatt daliegt. Lassen Sie diese heitere Ruhe auf sich übergehen. Betrachten Sie die Wasserfläche in ihrer wohltuenden Stille, und vertrauen Sie ihr alles Schmerzliche, Angstvolle, Negative an, das Sie in sich spüren. In Ihnen wird es so glatt und still, wie die Wasserfläche ist, die Gedanken kommen zur Ruhe. Halten Sie die Erinnerung an dieses stille Wasser in sich wach, dann können Sie zu dieser Ruhe zurückkehren, wann immer Sie wollen.

LASSEN SIE DIE ZIVILISATION HINTER SICH

Natur als Selbsterfahrung

Wenn ich die Stadt mit ihrem Lärm, ihren Menschenmassen und dem ganzen hektischen Treiben hinter mir lasse und zur Natur zurückkehre, stelle ich immer wieder fest, dass ich auch zu mir selbst zurückkehre. Einmal fand ich mich beim Biking am Cape Cod ganz allein auf einer Sanddüne wieder, als mich plötzlich die Stille mit voller Gewalt erfasste. Ringsum nichts als Natur und keinerlei Geräusch. Kein Tier, kein Windhauch, keine Maschine unterbrach diese Stille, die ich als das Lauteste empfand, was ich je gehört hatte.

Das warf mich völlig auf mich selbst und meine Gedanken zurück, auf alles, was in mir selbst laut wurde. Es war ein wenig beängstigend und gab mir zu denken: wie die Menschen früherer Zeiten ohne all die Ablenkungen des heutigen Lebens praktisch gezwungen waren, sich selbst besser kennenzulernen und die Natur viel intensiver wahrzunehmen.

Wer nimmt sich heute schon die Zeit, still dazusitzen und in sich hineinzuhorchen? Diese Übung soll also darin bestehen, dass Sie aus all den Bequemlichkeiten der heutigen Welt einmal ausbrechen und sich so weit von der Zivilisation absetzen, wie Sie nur können. Es kann ein Spaziergang, eine Wanderung, eine Radtour sein, aber lassen Sie das Auto einmal stehen. Sehen Sie zu, ob Sie einen Ort andächtiger Stille finden, an dem Sie aus der Weisheit der Natur Erkenntnisse über sich selbst schöpfen können. Und nehmen Sie sich später regelmäßig Zeit, um dieses Erlebnis irgendwo in der Natur aufzufrischen.

8 BLEIBEN SIE SICH SELBST TREU

Seien Sie für sich selbst da

Lieber bin ich mir selbst treu und riskiere,
von anderen ausgelacht zu werden,
als dass ich mich verstelle
und mir dann vor mir selbst graut.

FREDERICK DOUGLAS

Coaching-Tipp

Gut für sich selbst zu sorgen ist für manche das Schwierigste überhaupt. Sie können ihre eigenen Bedürfnisse nicht obenan stellen, weil sie ein Leben lang eingetrichtert bekommen haben, dass man das nicht tut. Wann haben Sie das letzte Mal auf Ihren Körper gehört und sind wirklich auf seine Bedürfnisse eingegangen? Für sich selbst zu sorgen sollte das Wichtigste in Ihrem Leben sein, schließlich sind Sie der wichtigste Mensch in Ihrem Leben. Sie werden Ihrer Seele wenig Nährendes zu bieten haben, wenn Sie den Körper, in dem sie wohnt, vernachlässigen.

Wie gut Sie für sich sorgen können, hängt von Ihrem Selbstwertgefühl ab. Wer sich nicht geliebt und bestätigt fühlt, kann diese Schwächung des Selbstwertgefühls erleiden, in der er sich nicht selbst lieben, ja nicht einmal akzeptieren kann. Und um Liebe und Angenommensein zu bekommen, fängt man dann an, die eigenen Bedürfnisse hinter die des Arbeitsumfelds, der Familie und anderer zurückzustellen. Man lebt zunehmend eine Rolle und immer weniger das eigene Leben, wie es wirklich ist.

Sich gut um sich selbst zu kümmern heißt auch, dass man die eigene Stimme laut werden lässt, wie wir es im Kapitel „Stimmübungen" geübt haben. Wenn man Sie um etwas bittet, was Sie wirklich nicht tun möchten, was sagen Sie dann? Wenn Sie mit „ja" antworten, sagen Sie nein zu sich selbst. Viele Menschen, insbesondere Mütter und Menschen in betreuenden Tätigkeiten, können ganz schlecht nein sagen, wenn andere Bedürfnisse anmelden – als müssten sie die Welt retten und es allen außer sich selbst recht machen.

Und anders herum: Wie reagieren Sie, wenn Ihnen Hilfe angeboten wird? Nehmen Sie die Hilfe an oder befolgen Sie sogar jeden Ratschlag, ohne sich nach der eigenen Sicht der Dinge zu fragen? Was ist beispielsweise zu tun, wenn Sie krank sind und der Arzt eine Therapie verordnet, die Sie nicht wollen oder mit der Sie nicht einverstanden sind? Treffen Sie immer Ihre eigenen Entscheidungen! Sicher, Ärzte, Angehörige und Freunde hätten gern, wenn Sie ihre Ratschläge befolgen, aber Sie müssen den Mut aufbringen, das zu tun, was sich für Sie richtig anfühlt. Äußern Sie sich klar und deutlich, dann sorgen Sie gut für sich selbst. Sie nehmen das Ruder selbst in die Hand, und die anderen werden ihr Verhalten entsprechend ändern.

Tun Sie das, womit für Sie selbst am besten gesorgt ist, ob es um eine Beziehung, eine Operation, einen Berufswechsel oder was auch immer geht. Dazu gibt es einen Ausspruch, der mir besonders gut gefällt: „Sei, was du bist, und nicht, was du nicht bist. Wenn du bist, was du nicht bist, bist du nicht, was du bist." So oft sehe ich Menschen, die erst aufwachen und sich wirklich um sich selbst kümmern, wenn sie erfahren, dass sie eine lebensbedrohende Krankheit haben. Leben Sie kein Sterben, leben Sie!

ÄNDERN SIE IHREN TAGESPLAN

Halten Sie Zeit für sich selbst frei.

Eine Woche lang soll Ihre Aufgabe darin bestehen, dass Sie darauf achten, wie Sie sich bei den verschiedenen Tätigkeiten und den damit verbundenen Ortsveränderungen fühlen. Notieren Sie die Zeiten, die Sie bei jeder Tätigkeit verbringen, und alles, was dazu in Ihnen vorgeht, in einem kleinen Heft, das Sie immer bei sich haben können. Am Ende der Woche haben Sie dann ein genaues Bild von allem, was in dieser Zeit vorgegangen ist. Verlassen Sie sich nicht auf Ihr Gedächtnis. Dabei „vergisst" man nur allzu leicht die Dinge, mit denen man sich nicht gern auseinandersetzen möchte. Also schreiben Sie alles auf.

Gehen Sie Ihre Aufzeichnungen nach dieser Woche noch einmal durch. Gab es in diesen Tagen etwas, das Sie Freizeit nennen könnten – Zeit, über die Sie zu Ihrem eigenen Vergnügen frei verfügen konnten? Kam es vor, dass Sie in etwas so versunken waren, dass Sie die Zeit ganz vergaßen? Diese beiden Dinge sind unverzichtbar für einen Tagesablauf, der Sie nicht fertigmacht, sondern aufbaut. Durchsuchen Sie Ihren Stundenplan also nach Stellen, an denen etwas Zeit für Sie selbst Platz finden könnte. Was wollten Sie schon immer gerne einmal tun, konnten aber nie Zeit dazu finden? Jetzt, da Sie Ihren Wochenablauf kennen, können Sie passende Lücken ausfindig machen. Halten Sie Zeit zum Ausruhen, Spielen und Trainieren oder für andere Aktivitäten frei, besuchen Sie Kurse, die Ihnen schon länger vorschweben. Am besten gehen Sie das so an, als wären Sie ein Sportler, der einen Trainingsplan für die Teilnahme an den Olympischen Spielen aufstellt.

Zum Schluss setzen Sie sich mit vertrauten Menschen zusammen, um Ihren alten Zeitplan und den angestrebten neuen durchzusprechen. Ihr neuer Zeitplan wird vermutlich Auswirkungen auf andere haben, zum Beispiel in der Familie. Bitten Sie also diese anderen, Sie bei Ihren Änderungsvorhaben ein wenig zu unterstützen. Blicken Sie dabei nicht so sehr auf die Untauglichkeit der bisherigen Regelungen; alles kommt jetzt darauf an, dass Sie die anderen einbeziehen, um Ihrem Leben eine neue Richtung zu geben, bei der alle Ihre Bedürfnisse berücksichtigt sind.

Natürlich müssen Sie nicht alles von heute auf morgen ändern. Es soll ein schöpferischer Prozess sein, bei dem so etwas wie ein Kunstwerk entsteht. Aber fangen Sie *jetzt* an, Ihr Leben umzugestalten, und bleiben Sie dabei, es immer wieder den Erfordernissen und Bedürfnissen entsprechend zu gestalten. Sie wollen ja nicht nur Zeit schaffen, sondern Glück.

SCHENKEN SIE SICH ETWAS

Was würden Sie gern bekommen?

Was wünschen Sie sich? Was haben Sie nach Ihrer Einschätzung verdient? Stimmen diese beiden überein? Haben Ihre Eltern Ihnen das Gefühl gegeben, etwas verdient oder nicht verdient zu haben? Um was beten Sie? Denken Sie einmal gründlich über Ihre Wünsche nach. Von solchen Gedanken aus gestalten Sie Ihr Leben, ob Sie es merken und wissen oder nicht. Nehmen Sie sich also jetzt einmal Zeit, um zu einer wahrheitsgemäßen Sicht all der Wünsche zu kommen, die bis heute der Antrieb Ihres Lebens gewesen sind.

Ist es Zeit, einmal zu überdenken, was Sie bisher angestrebt haben und wohin die Reise gehen soll? Schreiben Sie einen neuen Wunschzettel, auf dem alles stehen soll, was Sie sich vom Leben wünschen – das dürfen materielle Dinge sein, aber denken Sie vor allem an die wirklich großen Geschenke wie Zeit, Liebe und alles, was Nahrung im tieferen Sinne ist. Lassen Sie sich wirklich einmal auf das ein, was Sie für sich selbst anstreben. Was würde Ihr Leben zum Geschenk machen? Geben Sie all dem Vorrang. Wohlhabend zu sein ist sicher nett; aber sich wohl zu fühlen ist mehr wert.

Haben Sie manche dieser Geschenke schon bekommen? Wenn ja, dann bringen Sie jetzt Ihre Dankbarkeit zum Ausdruck, Dank an sich selbst und an das Leben. Dann überlegen Sie, wie Sie sich all die Gaben zukommen lassen können, die noch auf Ihrem Wunschzettel stehen – das, was Ihnen noch zu einem friedlichen und sinnerfüllten Leben fehlt. Sie können sich alles leisten,

was Sie brauchen, glauben Sie mir! Sie müssen sich nur zum
„Einkaufen" aufmachen, bevor irgendeine schlimme Wendung
der Dinge Ihnen in Erinnerung ruft, wie kurz ein Leben sein
kann.

NEHMEN SIE EIN BAD

Gönnen Sie sich mehr Zeit zum Entspannen

Wer wirklich gut für sich sorgen möchte, hält sich Zeit zum Ausspannen frei. Wenn Sie Mühe haben, sich auszuruhen und zu entspannen, denken Sie daran: Sie *tun* dabei etwas. Sie regenerieren und heilen sich und Ihr Leben. Was kann Ihnen dabei helfen?

Bäder sind schon immer und überall auf der Welt zur Erneuerung des ganzen Menschen angewendet worden, nicht nur zur Säuberung. Bestimmen Sie dazu irgendeinen Nachmittag oder Abend der Woche, eine Zeit, die ganz diesem warmen, heilsamen Bad gewidmet sein soll.

Machen Sie etwas Besonderes aus diesem Bad, das nicht nur den Zweck der Säuberung erfüllen soll: Verwenden Sie Heilkräuter, Badesalze und Essenzen, die für die Entschlackung des Körpers sorgen. Badezusätze mit Duftölen können tiefe Entspannung bewirken. Verwöhnen Sie sich mit allem, was Ihren Sinnen wohltut, Kerzen, sanfte Musik, was auch immer Ihnen einfällt. Falls Sie Gelegenheit dazu haben, können Sie auch einmal ein Bad im Freien ausprobieren, eingehüllt in die heilsamen Laute und Düfte der Natur. Oder spielen Sie einfach mal, toben Sie sich aus – Schaumberge, Wasserpistole, Gummiente, Schnorchel ... Baden macht besonders viel Spaß, wenn es ein Spiel ist, Kinder wissen das.

IHR ERNÄHRUNGSTAGEBUCH

Essen Sie das, was wirklich gut tut

Obwohl Gesundheitsfragen im heutigen Leben eine große Rolle spielen, finden viele Menschen es doch zu aufwändig, sich gesund zu ernähren. Gehören Sie auch dazu? Leben Sie von Fastfood und von Snacks aus der Tüte? Wenn Sie das mit „ja" beantworten müssen, liegt es bestimmt nicht an fehlenden Informationen über gute Ernährung und ihre Bedeutung für den Menschen. Richtige Ernährung erhält Sie gesund, verlängert das Leben und verbessert Ihre Stimmungslage, sogar Ihr Gedächtnis.

Diese Übung besteht zunächst darin, dass Sie ein Ernährungstagebuch führen. Notieren Sie eine Woche lang alles, was Sie zu sich nehmen. Schreiben Sie jede Mahlzeit und jedes Häppchen zwischendurch auf, und beschönigen Sie nichts, aber machen Sie sich auch keine Vorwürfe. Jetzt geht es erst einmal nur ums Beobachten. Am Ende der Woche sehen Sie sich Ihre Aufzeichnungen an. Wo ist Ihre Ernährung unausgewogen? Würden Sie diesen Speiseplan auch Ihrem Ehepartner oder Ihren Kindern wünschen? Sehr wahrscheinlich wird es im Speiseplan dieser Woche ein paar Dinge geben, die man verbessern müsste.

Sollte in Ihrer Ernährung vieles nicht stimmen, geben Sie auf keinen Fall dem Drang nach Selbstkritik nach. Wer sich liebt und sich als Kind Gottes sehen kann, dessen Entscheidungen werden ganz von selbst mehr und mehr in die richtige Richtung gehen. Leiten Sie sich mit sanfter Hand dazu an, immer öfter das zu wählen, was mit Ihrer Lebensweise vereinbar ist und dazu noch Gesundheit und Wohlbefinden fördert. Selbstliebe kann auch darin zum Ausdruck kommen, dass Sie sich über gesunde Ernährung informieren oder sich durch professionelle Ernährungsberatung bei der Umstellung auf gesunde Kost helfen lassen.

Aber bleiben Sie entspannt: Den Tod können Sie damit nicht aus der Welt schaffen. Ändern Sie Ihre Ernährung, um sich das Leben zu verschönern, Lebensverlängerung ist nur ein Nebeneffekt. Gönnen Sie sich weiterhin Schokolade und Eis – ab und zu.

BEFRAGEN SIE
IHRE INNERE STIMME

Seien Sie offen für die Antworten

Wer besser für sich sorgen möchte, muss seine Bedürfnisse kennen. Wenn Sie herausfinden wollen, was Körper, Geist und Seele am besten ernährt, dann fragen Sie sie. Machen Sie es sich zur Gewohnheit, immer wieder nachzufragen: „Wie fühle ich mich?"

Das ist immer dann unerlässlich, wenn Sie sich überfordert fühlen oder müde und niedergeschlagen sind. Halten Sie inne, atmen Sie tief durch, und stellen Sie sich die Frage: „Woher kommt dieses Unbehagen? Weshalb fühle ich mich jetzt so? Wie kann ich es ändern?" Die Lösung kann mitunter ganz einfach darin liegen, dass Sie sich ausruhen müssen, aber solchen Gefühlen können auch größere Probleme zugrunde liegen. Lassen Sie sich von Ihren Gefühlen nicht herunterziehen, sondern nutzen Sie sie gezielt als Wegweiser. Ist ein Problem erkannt, kann es auch gelöst werden. Wer Hunger hat, sucht sich etwas zu essen; wenn irgendein Unbehagen Sie plagt, suchen Sie sich das, was Sie „ernährt" und das Unbehagen lindert.

Bedenken Sie aber: Die Frage ist, wie Sie sich fühlen, nicht, wie Sie sich Ihrer Meinung nach fühlen *sollten*. Bevormunden Sie sich nicht mit Gedanken wie: „Ich empfinde zwar so, aber ich weiß, dass ich es nicht sollte." Hören Sie, wenn es um Gefühle geht, auf Ihr Herz und nicht auf Ihren Kopf. Sie wissen immer, was das Beste für Sie ist, Sie müssen sich nur die Zeit nehmen, danach zu fragen.

LASSEN SIE SICH BEGEISTERN

Inspiration als Lebensmittel

*Wenn irgendein großes Ziel oder außergewöhnliches Vorhaben
dich begeistert, durchbrechen deine Gedanken alle Schranken.
Dein Geist überschreitet Grenzen, dein Bewusstsein weitet
sich in alle Richtungen, und du selbst findest dich in einer
neuen, großen, wunderbaren Welt wieder ... und nimmst
staunend wahr, dass du als Mensch viel mehr bist, als du dir
je hättest träumen lassen.*

PATANJALI

Coaching-Tipp

Begeisterung ist etwas Wunderbares, denn sie erschließt unserem
Leben so viele neue Möglichkeiten. Die Tage bekommen mehr
Sinn, das Leben wird insgesamt lebendiger, wenn Ihr Handeln
von etwas geleitet ist, was Sie wirklich gepackt hat. In dieser
Übung lernen Sie das zu finden, was Ihrem Leben diese Quali-
tät der Begeisterung geben kann.

Ich will Ihnen Mut machen, sowohl das Mögliche als auch das
Unmögliche anzustreben. Wahre Inspiration setzt sich über alle
Ängste hinweg. In echter Begeisterung treten Sie in eine Art Trance
ein und werden zu Dingen fähig, die Sie sich niemals zugetraut
hätten.

Aber wo finden Sie solche Begeisterung? Tun Sie einen tiefen Blick in sich hinein und fragen Sie sich: „Weshalb lebe ich, wozu bin ich da auf dieser Erde?" Ihre Seele wird antworten, sie wird es Ihnen sagen. Sie können sich auch von Mythen und Parabeln inspirieren lassen, aber es gibt keinen direkteren Zugang, als in der Welt wirksam werden zu lassen, was Liebe Ihnen zu tun eingibt.

Wenn Ihr Herz Ihnen sagt, was Sie tun können und möchten, um dem Leben auf diesem Planeten zu dienen, dann hören Sie auf diese Stimme, setzen Sie etwas in Bewegung, was Sie für spätere Generationen zum Vorbild macht. Lassen Sie sich von Gandhi, Mutter Teresa, Rosa Parks, Martin Luther King, Christopher Reeve, Albert Schweitzer, Hellen Keller und anderen Menschen dieser Art inspirieren. Sehen Sie zu, dass Ihr Name auch auf diese Liste kommt und ich stolz auf Sie sein kann. Nehmen Sie Ihre Begeisterung für das Leben überallhin mit, und sie wird sich als ansteckend erweisen.

WÄHLEN SIE SICH VORBILDER

Wer weckt das Beste in Ihnen?

In unserer Gesellschaft werden Menschen häufig aufgrund ganz oberflächlicher Eigenschaften wie Schönheit und Besitz vergöttert. Aber wenn wir uns an diesen Leuten orientieren, verspricht das wirklich ein befriedigendes und erfülltes Leben? Ich habe selbst gesehen, wie unglücklich Menschen sein können, die sich nur mit materiellen Gütern umgeben. Selbst wenn andere sie anziehend finden, sehen sie oft nur die eigenen Schwächen und alles, was ihrem Leben fehlt.

Menschen, die uns wahrhaft inspirieren, sind von innerer Schönheit. Sie haben sich gegen große Schwierigkeiten behauptet und gelernt, wie man grundlegende Veränderungen durchsetzt. Überlegen Sie also, wer Sie inspiriert und motiviert, das ist der Inhalt dieser Übung. Nach wessen Motto könnten Sie leben? Es können berühmte Menschen, aber auch Familienmitglieder und andere sein. Es könnte jemand sein, der nach einem großen Lotteriegewinn überhaupt nicht einsieht, weshalb er allein etwas davon haben soll, und das Geld dann benutzt, um in der Welt irgendetwas zum Besseren zu wenden. Oder jemand, der sich nach der Diagnose einer lebensbedrohlichen Krankheit fragt: „Was kann ich daraus machen?" Das sind Menschen, die über die eigenen Lebensbedingungen hinausblicken können.

Schreiben Sie auf, welche Eigenschaften anderer Sie sich gern zu eigen machen würden. Hängen Sie Fotos solcher Menschen oder entsprechende Symbole gut sichtbar auf; so werden Sie häufig an das erinnert, was Sie wirklich bewundern. Versuchen Sie, Ihr Leben so zu leben, dass es die Botschaft dieser Menschen bekräftigt und zu Ihrer eigenen macht.

ATEMÜBUNGEN

Einatmen, ausatmen

Wer nicht nur überleben, sondern gut leben möchte, sollte seinem Atem bewusst Zeit widmen. Etwas so Einfaches wie richtiges Atmen kann in Ihrem Leben sehr viel bewirken, es weckt die Energien und inspiriert.

Üben Sie entspanntes, tiefes Atmen. Achten Sie auf das Gefühl des Luftstroms an den Nasenöffnungen und auf die Bewegungen von Brust und Bauch. Machen Sie sich bewusst, dass Ihr Körper ständigen Sauerstoffbedarf hat. In dieser Ausrichtung der Aufmerksamkeit auf den Körper und den Leben spendenden Strom der Luft, die Sie einatmen, mobilisieren Sie ganz nebenbei Heilkräfte für Ihr Leben.

Wenn etwas uns plagt oder bedrängt, ändert sich die Atmung. Wir empfinden Atemnot oder atmen zu schnell, was auf Dauer weitere Störungen und sogar Krankheiten nach sich ziehen kann, weil es physiologische Veränderungen bewirkt.

Nehmen Sie sich vor, einsetzende Sorgen und Befürchtungen gleich zu bemerken und dann sofort die Übung des ruhigen Atmens anzuwenden: Machen Sie sich den Atem bewusst, verfolgen Sie die ein- und ausströmende Luft an den Nasenöffnungen, die Bewegungen der Brust. Atmen Sie Frieden und Licht ein, atmen Sie Angst und alles Finstere aus. Beobachten Sie, was sich dabei ändert, wie die äußere und innere Spannung sich löst. Lassen Sie sich von der tiefer werdenden Entspannung inspirieren. Was Sie inspiriert, macht Sie zur Inspiration für andere. Alles, was das Leben fördert, macht uns fähig, dieses Leben einzuatmen, wie es ist.

IHRE ERKENNUNGSMELODIE

Musik zur Inspiration

Alle Menschen können Musik machen, aber finden wir auch alle den Rhythmus unseres Lebens? Hören Sie einen Augenblick hin, was für Geräusche jetzt gerade in Ihrer Umgebung wahrzunehmen sind. Ist das Musik in Ihren Ohren oder einfach Geräusch? Es ist immer irgendetwas zu hören, aber jeder Mensch erlebt es anders. Manche leben im Gewühl einer belebten Straße erst richtig auf, andere können nur in ländlicher Stille existieren und Anregung finden.

Musik im Operationsraum erzeugt nach meiner Erfahrung eine wohltuende Atmosphäre für die Patienten und das medizinische Personal. Es gibt eine gesunde Pulsfrequenz, und aus guten Gründen wirkt Musik einer bestimmten Schlagzahl entspannend und heilend. Wie kam man wohl auf den Gedanken, die Minute in sechzig und nicht in hundert Sekunden einzuteilen? Lauschen Sie einer Uhr, und Sie werden merken, wie dieser Takt Sie beruhigt; eine schnellere Gangart würde Spannungen erzeugen. Filmmusik ist immer darauf angelegt, die Gefühle der Zuschauer zu steuern.

Und jetzt suchen Sie Ihr eigenes Lied, etwas, das Sie anspricht, dessen Worte und Rhythmen Sie motivieren. Was könnte der Titelsong Ihres Lebens sein? Wenn Sie diese Musik hören, spüren Sie jedes Mal frischen Schwung. Es ist Ihr Lied, es ist das, was Sie inspiriert und das Leben bejahen lässt.

Lassen Sie uns doch einfach zusammen „The Impossible Dream" anstimmen und wie Don Quijote leben, der nach den Sternen griff.

Übung 44

MACHEN SIE KOMPLIMENTE

Jemandem etwas Nettes sagen

Wenn Sie Menschen auf die Beine helfen wollen ... machen Sie ihnen Komplimente. Komplimente sind für Menschen wie Helium für einen Ballon. Sie lassen uns aufsteigen, und dann fliegen wir über die Nöte des Lebens einfach hinweg, um dahinter sicher zu landen, mit offenen Armen empfangen.

Wenn Sie anderen mit freundlichen Worten neuen Antrieb geben, fließt auch Ihnen kreative Energie zu. Ich spreche nicht von leeren Komplimenten, die kurzfristig schmeicheln; ich meine etwas, das anderen Mut zuspricht, sodass sie sich einer Herausforderung stellen können, anstatt ihren Ängsten nachzugeben. Wenn unter den vertrauten Menschen in Ihrer engeren Umgebung jemand ist, der oder die gern singt oder irgendetwas anderes darzubieten hat, können Ihre anerkennenden Worte diesen Menschen vielleicht dazu bewegen, die Welt an seiner Begabung teilhaben zu lassen. Manchmal gibt eine Kleinigkeit den Ausschlag dafür, dass wir uns etwas zutrauen. Zu dieser Übung gehört, dass Sie eine Woche lang mindestens drei ernst gemeinte Komplimente pro Tag machen. Beobachten Sie, wie das auch Ihre eigene Begeisterungsfähigkeit für sich selbst und andere steigert.

Ich trage immer Anstecknadeln bei mir, auf denen steht: „Was du tust, bewegt etwas in der Welt." Wenn ich jemandem begegne, der etwas wirklich das Leben Förderndes tut, bekommt er oder sie solch eine Nadel. Wenn es da, wo Sie häufiger einkaufen, jemanden gibt, der seine Arbeit sehr gut macht, dann lassen Sie es diese Person wissen. Welcher Dank könnte schöner sein als ein Lächeln?

Coaching für die Seele

Vergessen Sie auch nicht, sich für Komplimente zu bedanken, die Sie erhalten. Wenn Anerkennung und Dank reihum gehen, wird die Welt besser, das Leben lebenswerter.

WECKEN SIE DAS KIND IN SICH

Begeisterung ist ansteckend

In Gegenwart meiner Enkel lasse ich mich derart in ihr Treiben hineinziehen, dass es mir vorkommt, als verfügte ich über unerschöpfliche Energievorräte. Na ja, abends gehe ich dann doch ganz gern früh ins Bett, aber die fröhliche Begeisterung meiner Enkel ist ansteckend, sie fördert das Kind in mir zutage.

Tasten Sie sich an Ihre verspielte Seite heran. Was haben Sie als Kind besonders gern gemacht? Was interessierte Sie? Welche Spiele haben Sie geliebt? Stellen Sie sich das nicht nur vor, holen Sie wirklich die alten Spiele heraus. Suchen Sie Umgang mit Kindern, benutzen Sie auf dem Spielplatz die Schaukel, die Rutsche – kurz, wecken Sie das Kind in sich, und lassen Sie es mit dem Erwachsenen sprechen und spielen, der Sie heute sind. Fragen Sie Ihr inneres Kind, was es gern tun möchte. Begeisterung ruft neues Leben in Ihnen wach.

Was weckt Ihre Lebensgeister? Schaffen Sie dafür Platz in Ihrem Leben oder noch besser: Machen Sie einen Beruf daraus. Wenn das gelingt, werden Sie in Ihrem Leben keinen Tag mehr arbeiten müssen. Zuallermindest müssen Sie aber Zeit für das freihalten, was wirklich Spaß macht.

Setzen Sie Entschlusskraft dahinter, sonst geschieht nichts. Stürzen Sie sich so in Ihr Vorhaben, dass die Begeisterung für alle ringsum zu spüren ist. Glauben Sie mir, sie wird sich Ihrer Umgebung mitteilen, und dann sind plötzlich Hilfen da, mit denen Sie niemals gerechnet hätten. Es geht ja um den Weg, die Reise, und nicht bloß um den Zielpunkt.

10

SCHMERZ IST UNVERMEIDLICH

*Die nicht so erwünschten
Geschenke des Lebens*

*Leid erzwingt Veränderungen. Wir mögen Veränderungen
nicht, und oft genug fürchten wir sie und kämpfen gegen sie
an. Wir bleiben gern da, wo uns die Gefühlslage wenigstens
vertraut ist, auch wenn das mitunter nicht das allergesündeste
Umfeld für uns ist. Aber manchmal wird das Leid so groß,
dass wir nachgeben müssen. Wir lassen das Alte fahren und
fangen neu an. So kann gerade der Schmerz uns
zu einem Leben führen, das nicht nur anders,
sondern reicher und lohnender ist.*

DENNIS WHOLEY

Coaching-Tipp

In diesem Kapitel möchte ich Ihnen nahebringen, dass Verlust
etwas sein kann, was die Seele stark macht. Das mag zunächst
seltsam klingen, aber Verlust ist einfach unausweichlich mit dem
Verstreichen der Zeit verbunden. So schrieb mir einmal eine
Frau, die Krebs hatte und dem Verlust eines Körperteils entgegen sah: „Könnte es sein, dass wir auf dem Weg durchs Leben
manches abstreifen, damit andere Züge deutlicher hervortreten?"

Einmal stand ich mit unserem Sohn Jeff, einem begnadeten
Gärtner, im Garten und erzählte ihm, wie schwer es mir fiel, die

Bäume und Pflanzen im Garten zu beschneiden. Es fühlte sich für mich gar nicht gut an, lebendige Teile lebendiger Pflanzen abzuschneiden. Jeff erwiderte, es falle mir doch im OP nicht schwer, kranke und nicht mehr funktionstüchtige menschliche Körperteile wegzuschneiden. Darauf wandte ich ein, so etwas könne ich nur tun, weil es den Menschen ein Weiterleben in Gesundheit ermögliche, und mein Sohn sagte, das Gleiche gelte für ihn beim Beschneiden von Bäumen und Sträuchern. Seine Worte machten mir klar, dass wir uns manchmal von etwas trennen müssen, um weiterleben und gut weiterleben zu können.

Schmerz und Verlust können wichtige Lehrer und Wegweiser sein. Durch sie lernen wir uns kennen und finden heraus, was uns nützt und schützt. Wenn wir Hunger haben, suchen wir etwas zu essen, und in Schmerz und Verlust suchen wir ebenfalls das, was uns nähren kann. Seelischer Schmerz wird destruktiv, wenn wir ausschließlich auf den Verlust starren und nicht auch auf das, was uns geblieben ist. Auch bei Haustieren müssen manchmal Amputationen vorgenommen werden, aber, wie ein Tierarzt gesagt hat, „sie wachen auf und lecken ihrem Besitzer das Gesicht". Sie sind nach wie vor voller Zuneigung und fühlen sich ganz.

Furcht vor Verlust kann quälender sein als der Verlust selbst. Verluste gehören nun mal zum Leben, es ist gut, sich das vor Augen zu halten. Ist es überhaupt sinnvoll, das Altwerden und eventuelle Behinderungen als Verluste zu sehen? Können Sie nicht auch Zeichen für Mut sein, ist nicht auch Weisheit aus ihnen zu gewinnen? Ich habe einmal eine junge Frau kennengelernt, die ohne Arme geboren wurde; sie machte mir klar, dass sie keineswegs behindert, sondern im Gegenteil unglaublich „behände" ist, da sie mit einem Stift zwischen den Zehen schreiben kann.

Sie allein entscheiden, ob Sie Ihre Identität an Ihren Verlusten festmachen wollen oder an dem, was Sie wirklich sind. Manche

Menschen können sich nie von ihrer Krankheit und ihren Schmerzen lösen; sie sind das, was ihnen die Zuwendung anderer sichert. Mir liegt etwas anderes mehr. Für mich sind nicht die Teile meines Körpers das, was ich bin, sondern meine Identität liegt in dem Geist und der Haltung, mit der ich der Welt begegne. Ich versuche wie dieser Hund in meiner Nachbarschaft zu sein, der mit nur zwei Beinen zur Welt kam und es sich trotzdem nicht nehmen lässt, jeden Tag munter durch den Garten zu hoppeln.

Vollkommen werden Sie erst sein, wenn Sie diesen Körper verlassen. Machen Sie bloß nicht den Fehler auszusteigen, weil das Leben so weh tut. Sie können immer wieder neu anfangen und Freude finden, wie Ihre Lebensumstände auch aussehen mögen.

Die folgenden Übungen werden Ihnen helfen, Schmerzen und Verluste durchzustehen und trotzdem immer wieder von Neuem Nahrhaftes für sich selbst und geliebte Menschen zu finden.

Übung 46

HEILMITTEL IN NOTZEITEN

Legen Sie einen Werkzeugkasten an

Wenn wir größer werden und das Leben seine Schattenseiten, seine Brüchigkeit zu zeigen beginnt – wenn das Leben sich, um einen unserer Söhne an einem seiner schlechten Tage zu zitieren, als „beschissen" erweist –, können die meisten von uns Hilfe gebrauchen, um sich wieder zurechtzufinden. Vielleicht hat man uns in jungen Jahren nicht die richtigen Werkzeuge an die Hand gegeben, vielleicht hat man uns nicht gründlich genug in ihren Gebrauch eingewiesen. In dieser Übung werden Sie erst einmal feststellen, welche Instrumente Sie benötigen, um sie dann zusammenzutragen, damit sie Ihnen immer zur Hand sind.

Überlegen Sie, was Sie jetzt gerade benötigen würden, um herauszufinden, wie es in Ihrem Leben weitergehen kann. Welche Instrumente und Heilmittel würden Ihnen helfen? Richtige handfeste Werkzeuge können nützlich sein, werden aber kaum ausreichen, zumal sie ja auch schadhaft werden können und dann nicht mehr zu gebrauchen sind. Gibt es nicht auch seelische und spirituelle „Werkzeuge", denen Sie vertrauen und auf die Sie zurückgreifen können? Vielleicht jemand in der Verwandtschaft oder ein Freund, vielleicht ein Gebet oder einfach innere Stärke. Für jeden Menschen ist es wichtig, mit sich selbst einverstanden zu sein und um seinen göttlichen Ursprung zu wissen. Diese spirituellen Werkzeuge liegen immer griffbereit da, wenn Sie Unterstützung brauchen.

Schreiben Sie die Dinge, die Ihnen Rückhalt bieten, auf Zettel, die Sie in eine kleine Schachtel mit der Aufschrift „Werkzeugkasten" legen. In unerfreulichen oder schwierigen Zeiten können Sie Ihre Schatulle öffnen und die Werkzeuge herausnehmen, die Sie gerade brauchen. Bewahren Sie Ihren Werkzeugkasten so auf, dass er Ihnen immer wieder ins Auge fällt und Sie auch wirklich darauf zurückgreifen, wenn ein schwieriger Tag bevorsteht. Ziehen Sie dann einen Zettel heraus, der Sie an die Ressourcen erinnert, auf die Sie immer zurückgreifen können.

NEUES LEBEN PFLANZEN

Verluste leichter bewältigen

In unserer Familie hat es im Laufe der Jahre viele Haustiere gegeben, und immer wenn eins stirbt, begrabe ich es im Garten. Alle Tiere bekommen ein kleines Grabmal aus Steinen, und anfangs habe ich jedes Mal einen Stein dazugelegt, wenn ich an der Stelle vorbeikam. Dann bekam ich jedoch eines Tages plötzlich das Gefühl, dass die Tiere sich wohl eher Blumen wünschen würden, wenn sie Wünsche äußern könnten. Und tatsächlich, sobald ich zu Blumen überging, fühlten sich die Besuche bei den Gräbern plötzlich ganz anders an. Von jetzt an hatte ich immer etwas Schönes im Sinn, womit ich dieser Wesen gedenken konnte und wovon auch jeder andere etwas haben würde, der an den Gedenksteinen vorbeikam.

Die Natur selbst macht es ja auch so. Aus allem Abgestorbenen kommt neues Leben, Nahrung für das, was dann lebt. Wenn uns ein Verlust trifft, müssen wir uns entscheiden: Wollen wir es Gott und dem Leben übel nehmen, wollen wir bei unserem Gram bleiben und jammern, oder steigen wir in eine neue Phase des Lebens ein und bringen der Welt etwas Blühendes?

Denken Sie an Ihre Verluste und stellen Sie sich die Frage, wie aus ihnen neues Leben zu machen ist. Wenn ein geliebter Mensch von uns gegangen ist, kann neues Leben aus der Trauer wachsen, wenn wir das Grab mit Blumen bepflanzen oder sogar einen kleinen Gedenkgarten anlegen. Das soll der Inhalt dieser Übung sein: Kaufen Sie für jemanden, der gestorben ist, eine Pflanze, die Sie dann pflegen. Sehen Sie zu, wie diese Pflanze wächst und von neuem Leben kündet. Oder übernehmen Sie die Kosten für einen Baum, der in der Heimat des Verstorbenen gepflanzt wird. So bleiben Geburt und Tod ein stetig fließender Kreislauf.

LIEBE SCHENKEN

Ohne Erwartung

Was können wir tun, wenn andere leiden? Gestorbene können wir nicht zurückholen, und in der Regel können wir die Probleme, die andere haben, nicht an ihrer Stelle lösen. Aber wir können Mitgefühl zeigen und anderen Liebe entgegenbringen. Wir können uns selbst schenken. Wenn wir ohne Erwartung geben, ist es Liebe, und Liebe ist das, was jeder schenken kann. Was aus Liebe und Mitgefühl gegeben wird, ist sehr heilsam, nicht nur für den, der Schmerzen leidet, sondern auch für uns selbst.

Sehen Sie sich nach jemandem um, der gerade etwas sehr Schmerzliches durchmacht, und schenken Sie diesem Menschen etwas von Ihrer Zeit, um ihm sein Los zu erleichtern. Es muss nicht unbedingt ein Bekannter, Freund oder Verwandter sein, es kann jemand sein, den Sie noch gar nicht kennen – im Altenheim, im Pflegeheim, im Obdachlosenheim. Stellen Sie sich für einen Tag als freiwilliger Helfer zur Verfügung. Geben Sie großzügig: sich selbst und Ihre Zeit. Wer zu geben lernt, wird auch bekommen. Glauben Sie mir, es ist wirklich so. Geben Sie freien Herzens, und Sie können zusehen, wie sich das Wunderbare ereignet, hüben und drüben.

BLICKEN SIE ZURÜCK

Licht aus der Finsternis

Aus Kohle kann unter hohem Druck Diamant werden. Wie viele Diamanten mag es in Ihrem Leben geben, die noch darauf warten, gefunden zu werden? Wir können die Schwierigkeiten des Lebens auch als Geschenke sehen, die „ganze Menschen" aus uns machen. Leider scheuen wir meist die Betrachtung der dunklen Augenblicke unseres Lebens; wir ziehen die Betäubung dem Schmerz vor, der dann zu fühlen wäre. Aber auch unsere Schwierigkeiten und die Reaktionen auf sie machen uns zu dem, was wir sind.

In dieser Übung sollen Sie auf Ihr Leben zurückblicken und sich auf drei besonders schwierige Augenblicke besinnen. Überlegen Sie, ob nicht auch etwas Gutes daraus erwachsen ist, zu dem es ohne dieses unangenehme Ereignis nicht gekommen wäre.

Das Leben ist voller Richtungsänderungen. Es kommt darauf an, im Augenblick zu leben und alles voll zu erleben, aber nicht zuzulassen, dass die Dinge unser Weltbild und unsere Lebenseinstellung so verändern, dass wir uns die eigene Zukunft verbauen. Bleiben Sie aufgeschlossen und beobachten Sie, was weiter geschieht. Mein Vater verlor seinen Vater mit zwölf Jahren. Es war für seine Familie ein großes Unglück. Viel später jedoch sagte mein Vater, es sei aus diesem Unglück viel Gutes erwachsen; er habe gelernt, unter schwierigsten Bedingungen zu überleben, anderen freundlich zu begegnen und das zu erkennen, was im Leben wirklich wertvoll ist.

Wenn Sie auf die unerfreulichen Ereignisse Ihres Lebens zurückblicken, sollten Sie sich unbedingt Ihre Gedanken und Gefühle dazu notieren und vor allem die unerwarteten erfreulichen Folgen nicht vergessen. Das sind Ihre Diamanten. Wir könnten auch sagen: Das sind die neuen Pflanzen, die Chancen, die aus der Asche und dem Kompost Ihres Lebens gewachsen sind. Zeigen Sie auch Ihren Kindern, Freunden und Angehörigen, wie man sich für die Zukunft offen hält und nicht in der Trübsal unangenehmer Erlebnisse stecken bleibt. Wenn Sie das vermitteln können, werden diese Menschen Ihnen ewig dankbar sein. Schlimme Erfahrungen können unsere besten Lehrer sein – wenn wir sie lassen.

Übung 50

MALEN SIE IHREN SCHMERZ

Trauer kreativ bewältigen

Große Künstler wissen, dass Trauer und seelischer Schmerz gewaltige schöpferische Energien freisetzen können. Das stimmt jedoch auch anders herum: Bei kreativen Tätigkeiten stoßen wir mitunter auf tiefe emotionale Grundströmungen, deren Vorhandensein wir bis dahin gar nicht bemerkt haben. Wenn Sie ungelösten starken Gefühlen schöpferischen Ausdruck geben, verschaffen Sie sich das dringend notwendige körperliche Ventil für aufgestaute Emotionen.

Bei dieser Übung sollen Sie sich eine besonders quälende oder schwierige Zeit in Erinnerung rufen und Ihre Gefühle dann malen. Sie können Pinsel oder Ihre Finger benutzen, und Sie brauchen nichts weiter als irgendwelche Farben und einen leeren Untergrund, sei es Leinwand, Papier oder eine Wand. Beginnen Sie mit einer Farbe, die Sie gerade anspricht, tragen Sie satt oder spritzend auf, verteilen Sie die Farbe mit Pinseln oder den Händen. Lassen Sie Ihre Leidenschaft durch die Bewegungen Ihrer Hände Gestalt annehmen. Malen Sie am besten nicht gegenständlich, es sei denn, die Gestaltung einer Szene entwickelt sich ganz natürlich. Sie können hier nichts falsch machen. Niemand wird Ihr Werk benoten. Je mehr Sie sich in die Arbeit vertiefen, desto weniger werden Sie Ihren Körper bemerken. Achten Sie auf Ihre Gefühle – sind sie stärker, schwächer, anders, als Sie erwartet hätten? Beurteilen Sie sich und Ihr Werk nicht, wenn Sie fertig sind. Bestaunen Sie das Bild ruhig, aber denken Sie daran, dass der eigentliche Lernprozess *während* der schöpferischen Arbeit stattfindet. Und vergessen Sie nicht, auf diese Übung zurückzugreifen, wenn wieder einmal Schmerz, Verlust und andere aufwühlende Gefühle zu bewältigen sind.

11 PELZIGE FREUNDE

Tiere sind ideale Vorbilder

*Tiere sind so angenehme Freunde – sie fragen nicht,
sie kritisieren nicht.*

GEORGE ELIOT

Coaching-Tipp

Tiere sind wunderbare Lehrer. Wenn es um die Bereitschaft zu verzeihen, um Toleranz, um das Annehmen von Kritik geht, gibt es keine besseren Vorbilder als Vierbeiner. Wenn wir unser Verhalten mehr an den Tieren orientieren würden, gäbe es wohl einige Probleme weniger in der Welt. Von ihnen können wir Achtung vor allen Lebensformen lernen, und an ihrem Verhalten ist abzulesen, dass nicht nur Menschen fühlen, lieben und Vernunft walten lassen können. Es tut unserer Seele gut, wenn wir allen Kreaturen der Erde mit Liebe und Mitgefühl begegnen, aber auch unser eigenes Leben durch ihre Anwesenheit aufwerten lassen.

Tiere können vielerlei Rollen in Ihrem Leben spielen, als Freunde, als Gefährten, als Beschützer. Tiere machen Freude und sorgen dafür, dass es etwas zu lachen gibt. Wenn Sie ein Tier in Ihrer Obhut haben – Hund, Katze, Hamster, Vogel oder Goldfisch –, lernen Sie sich selbst besser kennen und leben außerdem gesünder. Einer australischen Untersuchung zufolge besteht bei Überlebenden eines Herzinfarkts, die in einen Haushalt mit

Hund zurückkehren, im darauffolgenden Jahr eine Sterblichkeitsrate von sechs Prozent; ist kein Hund im Haus, schnellt diese Sterblichkeitsrate auf an die dreißig Prozent hoch. Möchten Sie bei den Kosten der medizinischen Versorgung sparen? Schaffen Sie einen Hund an!

Ich sage den Leuten immer: Wenn ihr Zweifel habt, wie weiter vorzugehen ist, überlegt euch, was Lassie in dieser Situation tun würde. Lassie war immer freundlich und treu, ein liebevoller Beschützer. Und im Umgang mit anderen halte ich mich immer an den Rat, den erfahrene Hundetrainer geben: Mit Belohnungen kommt man weiter als mit Strafen; liebevoller, vertrauensvoller und achtungsvoller Umgang sind wichtig; und es muss für das Tier eine klare Linie deutlich erkennbar sein.

Unsere Kinder sind in die Achtung alles Lebendigen hineingewachsen, denn unser Grund und unser Haus waren immer von allerlei Getier bevölkert. Und diese vielen Tiere waren nie eine Belastung. Keines wäre je auf die Idee gekommen, sich mit harschen Worten zu beschweren, wenn ich es versehentlich ausgesperrt hatte ...

Vielleicht finden Sie durch die folgenden Übungen ein paar neue pelzige Freunde.

IHR LIEBLINGSTIER

Welche Eigenschaften soll es haben?

Das Tierreich bietet eine schier unendliche Fülle von Arten, jede mit ihren ganz typischen Eigenschaften und Fähigkeiten. Auch wir Menschen sind äußerlich sehr verschieden, auch wenn im Inneren des Körpers alles ziemlich gleich aussehen mag. In dieser Unterschiedlichkeit erkennen wir einander leichter, und die unverwechselbare Eigenheit jedes Einzelnen kommt darin zum Ausdruck.

Haben Sie schon ein Lieblingstier? Wenn nicht, dann überlegen Sie jetzt, welches es sein könnte. Zu welcher Tierart haben Sie einen unmittelbaren Zugang und welche besonderen Fähigkeiten und Züge bewundern Sie an ihr? Notieren Sie die Eigenheiten und Merkmale, die Ihnen dieses Tier besonders sympathisch machen. Jetzt lesen Sie diese Liste Leuten vor, die Sie gut kennen, und fragen Sie, wer da wohl beschrieben ist. Ganz recht, Sie sind es.

Sie können sich dieses Wesen als Ihr Totemtier oder ihren besonderen Lehrer vorstellen. Sie können ihm nacheifern oder es bei Bedarf um Rat fragen. Und wie Sie sich im Laufe der Zeit ändern, so kann auch Ihr Totemtier wechseln.

HELFEN SIE TIEREN

Die Not lindern

Helfen – warum soll das nicht auch das Tierreich einbeziehen? Eine helfende Hand zu reichen befriedigt und tut uns selbst gut, sei es im Tierheim, im Zoo oder in unserem eigenen Garten, den wir zum ausgewiesenen Naturreservat machen können.

Überlegen Sie also für diese Übung, wo Sie Not leidenden Tieren helfen können. Einfach und naheliegend wäre das nächste Tierheim, dem Sie für einen Tag Ihre Hilfe anbieten können. Sie können die Hunde ausführen, Katzen füttern und mit ihnen spielen und überhaupt all den Tieren Gesellschaft leisten. Überlegen Sie, ob das nicht sogar eine regelmäßige Betätigung werden könnte. Aber Vorsicht: Sie mögen vielleicht nicht vorhaben, ein Tier zu adoptieren, aber es kann passieren, dass eines dieser Tiere *Sie* adoptiert! Wenn es die Umstände nicht erlauben, dass Sie ein Tier zu sich nehmen, ist Ihre Anwesenheit und Hilfe im Tierheim trotzdem sehr segensreich.

Andere Möglichkeiten wären, dass Sie Haustiere von Nachbarn während deren Abwesenheit betreuen. Oder Sie stellen Ihr Haus als vorübergehendes Pflegeheim für neugeborene Welpen und Kätzchen zur Verfügung. Dann gibt es die unterschiedlichsten Verbände, zum Beispiel für Blindenhunde, die immer freiwillige Helfer oder zumindest Spenden gebrauchen können. Überlegen Sie, welche Ihrer Begabungen und Kenntnisse Sie in diesem Bereich einsetzen könnten. Vielleicht können Sie den Newsletter irgendeines dieser Tierverbände schreiben, bei der

Planung und Durchführung einer Spendenaktion helfen oder beim Bau einer Unterkunft für Tiere Hand anlegen. Sie wissen, was Sie können, also überlassen Sie Ihrem Herzen die Führung.

TIERGESCHICHTEN

Lesen Sie ein gutes Buch

Es gibt viele schöne Bücher, in denen aufgezeigt wird, was wir von Tieren lernen können und wie Tiere uns menschlicher machen. Für den Anfang empfehle ich Ihnen *Tiere als Lehrer und Heiler*, das meine Freundin Susan Chernak McElroy geschrieben hat. Beim Lesen dieser Geschichten wird Ihnen vieles klar werden, was Sie dann in Ihrem Leben umsetzen können.

Ich habe in meiner Jugend sämtliche Lassie-Geschichten verschlungen und liebe sie heute noch. Geschichten über Tiere, über ihr Verhalten und ihre Welterfahrung, sind wertvoll für unsere Kinder, weil ihnen hier etwas über Werte vermittelt wird, vor allem über den Wert des freundschaftlichen Umgangs miteinander. Andere Bücher beschreiben, wie Tiere sich untereinander verständigen, und wenn wir darüber Bescheid wissen, ist ein harmonisches Zusammenleben mit Tieren kein Problem mehr. Ich weiß das aus Erfahrung. Tiere besitzen ein sehr sicheres Gespür; Sie haben bestimmt auch schon solche Geschichten von Tieren gehört, die ertrinkende Kinder gerade noch retten konnten oder Hilfe holten, wenn jemand verletzt war und sich nicht mehr allein fortbewegen konnte.

Es gibt kaum ein besseres Beispiel als Susan McElroys eigene Tiergeschichte. Bei ihr wurde Krebs festgestellt, und die Ärzte sagten ihr, sie habe noch ein Jahr zu leben. Sie lebte allein, und eines Tages ließ sie eine streunende Katze ins Haus, um ein wenig Gesellschaft zu haben. Sie gab ihr den Namen Flora und brachte sie erst einmal zum Tierarzt, um sicher zu gehen, dass sie gesund war. Der Tierarzt stellte jedoch Leukämie fest und gab Flora noch ein Jahr. Susan kam völlig niedergeschmettert nach Hause, bemerkte dann aber, dass an der Katze keinerlei Anzeichen von Depression zu erkennen waren. Das gab ihr zu denken. Vielleicht wusste Flora etwas, das sie nicht wusste. Sie fing einfach an, sich wie ihre Katze zu verhalten, das heißt, sie schlief zwischendurch, wenn ihr danach zumute war, scheute sich nicht, die Befriedigung ihrer Bedürfnisse einzufordern, und lebte ihre Träume aus. Heute, über vierzehn Jahre später, leben sie beide noch.

Sehen Sie zu, ob Sie das Tierbuch finden, das Sie wirklich anspricht und aus dessen Seiten ein neuer vierbeiniger Freund in Ihr Leben springt.

NEHMEN SIE EIN TIER AUF

Öffnen Sie Ihr Haus und Ihr Herz

In westlichen Industrieländern gibt es sehr viele verwahrloste oder ausgesetzte Hunde und Katzen. Die Tierheime sind voller hinreißender Kreaturen, die so viel zu geben haben und einfach nur jemanden brauchen, der sie mit zu sich nach Hause nimmt. Diese Übung verlangt etwas mehr Einsatz als die bisherigen. Ich möchte Ihnen nämlich zumuten, ein Haustier bei sich aufzunehmen. Wenn Sie schon eins haben und kein weiteres mehr unterbringen können oder Haustiere bei Ihnen grundsätzlich nicht möglich sind, sollten Sie zumindest die Übung 52 vertiefen.

Sehen Sie sich Ihre Wohnung genau an. Was für ein Haustier wäre hier passend? Man redet ja meist von Hunden und Katzen, aber in unserer Familie zum Beispiel hat es auch schon Schlangen, Fische, Chamäleons, Ziegen, Vögel und anderes Getier gegeben. Berücksichtigen Sie Ihren gesamten Lebensablauf, wenn Sie überlegen, was für ein Haustier infrage käme. Wenn Sie viel unterwegs sind, wäre ein Hund vielleicht nicht der richtige Partner für Sie, weil Hunde sehr viel Zuwendung brauchen; Fische oder Reptilien könnten in diesem Fall geeigneter sein. Richten Sie auf jeden Fall alles so ein, dass dieses Tier einen Lebensraum hat, in dem es sich wohl fühlt.

Wenn Sie sich Klarheit verschafft haben, sehen Sie sich in der Tierhandlung oder im Tierheim um. Vielleicht haben Sie schon eine bestimmte Tierart im Sinn, aber lassen Sie, wenn Sie dann bei den Tieren sind, Ihr Herz entscheiden, welchen neuen Freund Sie mit nach Hause nehmen. Oder machen Sie es wie ich und warten Sie ab, wer *Sie* zum neuen Freund haben möchte. Wenn ich die Gehege des Tierheims betrete, sehe ich einfach nur zu, wer angelaufen kommt und mich „haben" will. Dann gehen wir zusammen nach Hause, und ich frage meine Frau, ob sie uns beide einlässt.

SPIELZEIT

Balgen und streicheln

Haustiere sind großartige Spielgefährten, die das Kind in uns wach werden lassen. Im Umgang mit anderen Erwachsenen sind wir meist darauf bedacht, dass sie nur ja nicht schlecht von uns denken. Mit einem Hund kann man sich am Boden wälzen und spielen. Das ist nicht nur für Herz und Blutdruck gut, sondern macht uns auch innerlich entspannt und ruhig. Viele Untersuchungen belegen den Nutzen des Umgangs mit Tieren, und zwar Tieren aller Art. Unsere Hunde lassen sich gern mal den Bauch kraulen, und das kann so weit gehen, dass sie mitten in eine in unserem Haus versammelte Selbsthilfegruppe hineinmarschieren und sich auf den Rücken werfen. Ich sage dann immer, dass Hunde ebenfalls Therapeuten sind, weil sie uns zeigen, wie man seine Bedürfnisse – sei es ein Bauchkraulen, eine Umarmung oder ein Leckerli – einfach anmeldet.

Nehmen Sie Ihr Haustier ruhig auch mal anderswohin mit. Unsere Katze Miracle scheint sich für einen Hund zu halten, jedenfalls lässt sie sich an der Leine führen und begleitet mich überallhin. Sie kennt auch keine Furcht, jedenfalls hat sie schon mal an einer Hundeschau teilgenommen und völlig ungerührt unter all den Hunden gesessen, die sie natürlich sehr interessant fanden.

Diese Übung beinhaltet also nichts anderes, als dass Sie jeden Tag mit Ihrem Haustier spielen. Lassen Sie sich zeigen, wie man Hemmungen abbaut und wieder Freude am Leben findet. Tiere leben im Augenblick und können Ihnen zeigen, wie das geht, wie Sie alle Sorgen und Zukunftsängste einfach fallen lassen können. Tiere wissen, dass Sorgen überhaupt nichts besser machen – ganz im Unterschied zu einem Bauchkraulen oder Schläfchen.

12 TRÄUME, BILDER UND SYMBOLE

Die Sprache der Seele richtig nutzen

*Mit der Fantasie versucht der Geist über sich selbst
hinauszureichen ... sie bombardiert das Bewusstsein
mit Ideen, Impulsen, Bildern und
psychischen Phänomenen aller Art, die aus
dem Vorbewussten aufsteigen.
Sie ist das Vermögen der Träume und Visionen.*

ROLLO MAY

Coaching-Tipp

Warum hat Gott keine allen Menschen gemeinsame Sprache geschaffen? Die Verständigung wäre dann so viel einfacher. Aber es gibt ja eine universale Sprache, die Symbole nämlich, von denen wir uns alle angesprochen fühlen. Und wir alle bedienen uns in Träumen, Tagträumen und Fantasien dieser Sprache. Ich glaube, dass wir schlafen, weil nur so der mit dem Schöpferbewusstsein verbundene Teil unseres Geistes überhaupt die Chance hat, sich zu äußern. Es gibt viele Beispiele dafür, dass Problemlösungen und schöpferische Ideen in Träumen kommen können. Durch bewussten Umgang mit unseren Träumen können wir erstaunlich viel über die innere Landschaft unserer Psyche und Seele lernen.

Symbole werden gefunden, aber auch erschaffen. Die Bedeutungen, die sie für uns haben, entspringen jener inneren Tiefenschicht, in der wir mit dem Ganzen der Schöpfung verbunden sind. Jeder kann Symbole zeichnen, und jeder kann sie verstehen. Wenn ich mit einer Schachtel Buntstifte an irgendeinen Ort der Welt reise, wo ich die Landessprache nicht verstehe, kann ich immer noch die Zeichnungen deuten, die die Menschen mit meinen Buntstiften anfertigen. Kreise und Dreiecke können für bestimmte Persönlichkeitsaspekte stehen, ein Baum symbolisiert vielleicht das Leben als solches.

Achten Sie auf Ihre Träume, leben Sie mit ihnen, zeichnen Sie, wenn Konflikte entstehen, und lassen Sie sich von den Symbolen leiten, die dann hervortreten. Das Denken allein kann das Mysterium des Geistes nicht ausloten. In den folgenden Übungen lernen Sie einige Methoden kennen, mit denen Sie Träume, Bilder und Symbole in ein sinnerfülltes Leben ummünzen können.

Übung 56

TRAUMTAGEBUCH

Was Ihre Träume sagen

Der bewusste Umgang mit unseren Träumen macht uns in den Zeiten, die wir wach sind, präsenter und aufmerksamer. Viele Menschen schreiben ihre Träume auf und versuchen, im Traum bewusst zu werden. Es ist für sie eine Art Selbsttherapie. Andere versprechen sich von ihren Träumen Antworten auf gezielt gestellte Fragen über ihr Leben.

Führen Sie eine Wochen lang ein Traumtagebuch; ich empfehle allerdings, diese Übung auszuweiten und auch nach dieser Woche weiter mit Ihrem Traumtagebuch zu arbeiten. Richten Sie abends, wenn Sie sich schlafen legen, eine Frage an Ihr Unbewusstes; Sie können die Frage auf einen Zettel schreiben, den Sie sich unters Kopfkissen legen. Legen Sie Traumtagebuch und Stift neben dem Bett bereit, und wenn Sie einmal aufwachen, notieren Sie gleich alles, was Ihnen an Traumbildern noch gegenwärtig ist.

Alles, was in einem Traum vorkommt, gehört zu Ihnen. Schreiben Sie die Bilder und Erlebnisse so detailliert auf, wie Sie nur können. Tun Sie so, als müssten Sie Ihren Traum einem Außerirdischen schildern, lassen Sie nichts aus.

Die Traumsprache ist eine Symbolsprache. Manche Symbole erschließen sich ohne weiteres, andere sind schwerer zu verstehen. Je länger Sie auf Ihre Träume achten, desto leichter werden Sie sie deuten können. Wenn ein Traum sich wiederholt, können Sie dem entnehmen, dass Sie noch nicht auf seine Botschaft reagiert haben, die vielleicht in einer Aufforderung oder einem Auftrag besteht. Achten Sie besonders genau auf solche Wiederholungsträume und ihre tiefere Botschaft für Sie. Überhaupt sollten Sie wiederkehrende Motive in jedem Fall notieren.

BEDEUTUNGSVOLLE SYMBOLE

Malen Sie Ihr eigenes Mandala

Symbole können uns tiefe Einsichten erschließen. Mandalas sind komplexe symbolische Bilder mit kreisförmiger Umrandung, wie sie in der uralten indischen Tradition seit jeher als Ausdruck für das Ganze der Schöpfung verwendet werden. Mandalas können sehr viel über das Unbewusste offenbaren. Im tibetischen Buddhismus wird das Mandala als Meditationsvorlage verwendet. Im Rahmen dieser Übung werden Sie ihr ganz persönliches Mandala anfertigen, das die verschiedenen Aspekte Ihrer Persönlichkeit repräsentiert.

Zeichnen Sie einen großen Kreis auf Papier. Sie können diesen Kreis in Quadranten einteilen, die alle für bestimmte Bereiche Ihres Lebens stehen. Oder Sie halbieren den Kreis einfach horizontal, dann steht der obere Teil für Seele und Geist, der untere für den Körper und alle weltliche Habe. Entscheiden Sie, wie Sie Ihren Kreis aufteilen wollen, was die Abschnitte bedeuten sollen und welche Symbole, Farben oder Muster Sie verwenden werden. Seien Sie kreativ.

Alles, was Sie malen, sollte Ihnen etwas bedeuten und der Vision Ihres Lebens entsprechen. Lassen Sie sich möglichst weitgehend von Ihrer Intuition leiten. Ihr Körper zum Beispiel – was für Farben, Muster, Gottheiten, Tiere oder Symbole fallen Ihnen dazu ein? Hinterfragen Sie Ihre Einfälle nicht, aber Sie können natürlich verschiedene Darstellungsweisen ausprobieren, bevor Sie sich für eine entscheiden.

Hängen Sie Ihr fertiges persönliches Symbol irgendwo auf. Meditieren Sie über dieses Bild, lauschen Sie, was es Ihnen sagt.

MALEN SIE IHREN BAUM

Buntstifte braucht der Mensch

Jeder Erwachsene sollte einen großen Kasten Buntstifte haben. Als Werkzeuge des Selbstausdrucks sind sie kaum zu übertreffen. Für diese Übung brauchen Sie ein vollständiges Spektrum an Buntstiften und einen möglichst großen Block. Jetzt malen Sie irgendeine Szene im Freien, die auch einen Baum enthalten soll. Lesen Sie bitte erst weiter, wenn Ihr Bild ganz fertig ist.

Jetzt interpretieren Sie Ihr Bild. Ist die Bildfläche gefüllt oder eher leer? Welche Farben haben Sie verwendet?

Dieses Bild steht für Ihr Leben, der Baum sind Sie. Was sagt Ihr Bild unter diesem Gesichtspunkt über Ihr Gefühl zu Ihrer Umwelt und zu sich selbst? Stehen Sie voll im Saft, sind Sie eher mickrig? Welchen Stellenwert haben Sie im großen Zusammenhang der Dinge?

GLÜCKSPFENNIGE

Die Augen offen halten für Symbole

Achten Sie auf Ihrem Weg durchs Leben, den Sie vielleicht von höheren Mächten geleitet sehen, auf mögliche Hinweise, die Sie bei Ihren täglichen Verrichtungen bekommen – Hinweise, denen Sie entnehmen können, ob Sie noch auf dem richtigen Weg sind oder nicht. Ich selbst sehe mich immer nach Pennys um; sie bedeuten für mich, dass ich in die richtige Richtung gehe und am richtigen Ort bin. Immer wenn ich einen Penny finde, sehe ich mich in meinen Richtungsentscheidungen bestätigt. Er enthält für mich die Botschaft, dass ich auf guten Wegen bin.

Wenn ich solch ein Symbol finde, einen Penny, stecke ich ihn ein und kann dann immer nach ihm tasten, wenn ich unsicher werde. Er erinnert mich daran, dass ich überall Sinn finden kann, auch da, wo ich ihn wirklich nicht vermuten würde. Zu Hause habe ich eine ganze Schale voller Pennys, von denen ich gelegentlich ein paar ausstreue, damit auch andere welche finden ...

Halten Sie eine Woche lang nach Symbolen Ausschau, auf die Sie irgendwo unterwegs vielleicht stoßen. Lassen Sie sich von solchen Symbolen die richtige Richtung weisen.

HEILENDE SYMBOLE

Legen Sie einen Altar an

Menschen haben schon immer Altäre errichtet und mit viel Sinn für Schönheit gestaltet, um einen sichtbaren Mittelpunkt ihrer Gebete und Meditationen zu haben. Auch Sie werden vielleicht erleben, dass Anlage und Benutzung eines Altars Ihnen gut tun und mancherlei Gutes mit sich bringen. Hier ist der Ort, an dem Sie Ihre Energien sammeln, um göttlichen Rat bitten und Ihrer Dankbarkeit Ausdruck geben können.

Einen Altar können Sie im häuslichen Umfeld, aber durchaus auch im Büro gestalten. Überlegen Sie vorher, aus welchem Material er bestehen und wie er aussehen soll. Sie möchten hier Frieden finden, also wählen Sie Dinge, von denen etwas Beruhigendes auf Sie übergeht – Seide, Blumen, bunte Steine.

Welchem Zweck soll Ihr Altar dienen, worauf sind Sie aus? Ein Altar muss nicht nur den Bedürfnissen der Seele und des Geistes dienen, auf ihm darf auch Platz für materielle Wünsche sein. Wählen Sie Gegenstände und Materialien, die Ihnen etwas bedeuten. Sie können auch Statuen religiöser Symbolgestalten aufstellen, etwa Kuan-yin, die im Buddhismus als Göttin des Erbarmens verehrt wird. Nichts, was Ihnen etwas bedeutet, kann hier unangemessen sein – Federn, Kerzen, Glocken, Blumen, Fotos, Marzipanherzen, Muscheln, Karten, Erinnerungsstücke an geliebte Menschen oder Geschenke von ihnen.

Wenn Ihr Altar fertig ist, halten Sie sich erneut Ihre Intention vor Augen, und vergegenwärtigen Sie sich das Gefühl, das von Ihrem Werk auf Sie übergeht. Beten und meditieren Sie vor diesem Altar und halten Sie sich offen für alles, was an Weisungen und Antworten kommen mag. Bedanken Sie sich, bevor Sie in die Welt zurückkehren, um das, was Sie vielleicht empfangen haben, dort umzusetzen.

13 MOTIVATION

Wie man sich aufrafft

Motivation ist keine Sache des Willens,
sondern eine Sache des Wünschens.

PAUL KARASIK

Coaching-Tipp

Es gibt Tage, da weiß man nicht, wie man sich aufraffen und irgendetwas in Angriff nehmen soll. Finden Sie das, was Ihnen Anschub gibt, nur so können Sie voll am Leben teilnehmen. Wer ohne rechte Motivation ist, der verpasst ganz einfach viele Chancen.

Wie kann man Sie motivieren? Müssen Sie dazu eine Art Leidenschaft in sich spüren? Bringt der Gedanke, anderen zu helfen, Sie in Bewegung? Oder bequemen Sie sich nur zu etwas, wenn sonst unangenehme Folgen drohen? Alle Möglichkeiten treffen wahrscheinlich immer wieder mal zu, und wie Hunger uns zum Essen motiviert, können Schmerz und Kummer ein Anstoß sein, uns besser um uns selbst zu kümmern, und damit dienen sie letztlich unserem Überleben.

Auch Angst kann ein starker Antrieb sein, obwohl es wahrscheinlich häufiger vorkommt, dass sie uns lähmt. Dazu fällt mir eine Geschichte ein, die Norman Vincent Peale (Autor des Buchs *Die Kraft positiven Denkens*) vor Jahren erzählte. Ein Mann nahm abends auf dem Heimweg von der Arbeit immer den beträchtlich kürzeren Weg über den Friedhof, aber einmal fiel er dabei in der Dunkelheit in ein frisch ausgehobenes Grab. Er versuchte herauszuklettern, schaffte es aber nicht, weil die steilen Wände immer wieder wegbröckelten. Da auch seine Rufe ungehört verhallten, fand er sich schließlich damit ab, diese Nacht in einem Grab schlafen zu müssen. Kaum eine Stunde später wurde er jedoch aufgeschreckt, als noch ein Mann in die Grube fiel. Der andere bemerkte ihn nicht und begann sofort mit Kletterversuchen. Da sagte der erste, der ihm Enttäuschungen ersparen wollte: „Es hat keinen Zweck, man kommt einfach nicht raus aus diesem Loch." Er hatte noch nicht ganz ausgeredet, da schoss der andere aus der Grube heraus wie eine Granate aus dem Kanonenrohr.

Was auch immer also notwendig sein mag, damit Sie in Bewegung kommen, tun Sie es. Mit den folgenden Übungen werden Sie herausfinden, was Sie motivieren kann.

GRUNDMOTIVATIONEN

Belohnen Sie sich

Bekommen Sie leichter den Antrieb zu irgendeiner Tätigkeit, wenn am Schluss eine Belohnung auf Sie wartet? Belohnungen können ein guter Anreiz sein, aber wenn es immer nur darum geht, welcher konkrete Nutzen für Sie herausspringt, wird dieses Nützlichkeitsdenken tiefere Triebkräfte wie Mitgefühl und Großzügigkeit überdecken. Lassen Sie sich lieber von eher selbstlosen Regungen leiten, und der Nutzen, den Sie selbst und andere davon haben, wird Ihre Erwartungen weit übertreffen.

Dennoch, ein kleines Belohnungssystem, das Ihnen Anreiz bietet, kann durchaus gut und nützlich sein. Besinnen Sie sich für diese Übung auf ein, zwei Arbeiten oder Aufgaben, die Ihnen nicht so leicht von der Hand gehen. Es wird sich vermutlich um Dinge handeln, die Sie nicht gerade brennend interessieren, die aber getan werden müssen. Und jetzt installieren Sie das Belohnungssystem: Teilen Sie die Arbeit in Abschnitte ein, und setzen Sie für jeden Abschnitt eine kleine Belohnung aus, auf die Sie sich freuen können. Vielleicht laden Sie sich ins Kino oder zum Abendessen ein.

Wenn die Arbeit schließlich getan ist, fragen Sie sich, wie gut die Belohnungen funktioniert haben. Haben sie die Sache beschleunigt? Gibt es andere Anreize weniger materieller Art, die Sie an ihre Stelle setzen könnten? Gehen Sie der Sache auf den Grund, finden Sie heraus, was Ihre Grundantriebe sind. Sagt Ihre Wahl von Belohnungen etwas darüber?

Übung 62

IHR TRAUMWAGEN

Kommen Sie vom Fleck?

Wenn Sie in Ihren Wagen einsteigen, müssen Sie den Zündschlüssel drehen, damit er anspringt. Hält etwas Sie davon ab, den Zündschlüssel zu drehen, Gas zu geben und Ihr Leben in Bewegung zu bringen? Haben Sie das Gefühl, Sie kommen nicht aus dem Rückwärtsgang heraus oder können nicht in höhere Gänge schalten? Liegt es vielleicht daran, dass Sie gar nicht recht vorwärts wollen und die Risiken scheuen?

Vielleicht liegt es aber auch an dem Wagen, den Sie „fahren". Sehen Sie sich für diese Übung einmal selbst als Fahrzeug – was für ein Vehikel wäre das? Ein Bus oder ein Sportwagen? Ein Wohnmobil oder ein Abschleppwagen? Manchmal haben wir ein bestimmtes Bild von uns selbst und schlüpfen deshalb in Rollen, die gar nicht zu uns passen und in denen wir nach und nach jeglichen Antrieb verlieren. Wenn das bei Ihnen so ist, dann machen Sie diese Woche mal eine „Probefahrt" mit einem neuen Wagen. Wenn Sie bisher Abschleppwagen waren und immer alle anderen aus dem Schlamassel gezogen haben, im Grunde aber ein Sportwagenbewusstsein haben – dann los! Sie müssen ja nicht halsbrecherisch durch Ihr Leben donnern, aber scheuen Sie sich nicht, das passende Selbstbild zu finden und ein bisschen aufs Gas zu steigen.

Ein Abschleppwagen zu sein ist wunderbar, wenn das Ihrem Leben wirklich Sinn gibt. Aber fragen Sie sich einfach mal, ob Sie im richtigen Fahrzeug sitzen und die Richtung stimmt. Ich kenne eine Frau, die ihren nagelneuen Wagen gleich zu Schrott gefahren hat. Er war mit Tempomat ausgestattet, und sie stellte das Gerät einfach auf ihre Wunschgeschwindigkeit ein und fing dann an, sich um ihre Frisur zu kümmern. Bis es krachte. Der Polizei erklärte sie, sie habe gedacht, der Tempomat werde sich um alles kümmern. Diese Frau verstand ihr Fahrzeug nicht. Überlegen Sie also, welches Vehikel zu Ihnen passen und Sie dahin bringen würde, wohin Sie möchten.

FRÜHJAHRSPUTZ

Raum schaffen für Neues

Wir sammeln im Leben eine ganze Menge echten und metaphorischen Ballast an, unter dem unsere Motivation und Inspiration geradezu begraben werden kann. Wir tun uns nur Gutes, wenn wir all das unbrauchbar Gewordene dann und wann loslassen und Platz für neues positives Wachstum schaffen. Diese Übung stellt Ihnen die Aufgabe, diesen Erneuerungsprozess jetzt einzuleiten, indem Sie alle äußeren und inneren Habseligkeiten, die nicht mehr zu gebrauchen sind, alles Gerümpel, konsequent aussortieren. Zeit zum Frühjahrsputz, unabhängig von der gerade aktuellen Jahreszeit.

Fangen Sie mit den Dingen an, die Ihnen aus Kleiderschränken, Schubladen und Küchenmöbeln geradezu entgegenquellen. Entfernen Sie alles, was Sie nicht mehr benutzen; falls Sie unsicher sind, fragen Sie sich, ob Sie den betreffenden Gegenstand innerhalb des letzten Jahres noch verwendet haben. Falls nicht: weg damit! Was noch brauchbar ist, können Sie sozialen Einrichtungen zur Verfügung stellen. Was besonderen Erinnerungswert hat, können Sie mit einer kleinen Zeremonie verabschieden, bei der Sie versichern, dass Sie zwar den Gegenstand ausräumen, nicht aber die Erinnerung. Anschließend ordnen Sie alles Verbleibende neu.

Aber gehen Sie bei dieser Entrümpelung nicht zu rabiat vor. Manche alten Dinge lassen sich entstauben und einer sinnvollen neuen Verwendung zuführen, andere bedeuten einfach zu viel, als dass man sie ausmustern könnte. Eine sinnvolle Zäsur und die

Entfernung von altem Ballast müssen nicht unbedingt zum kompletten Neuanfang geraten.

Wenn Sie fertig sind, wird Raum für die Geburt neuen Lebens sein. Ohne Freiraum zum Wachsen können Sie nicht ins Licht des Tages durchbrechen.

DIE MOTIVATION STÄNDIG ERNEUERN

Lesen Sie jeden Tag

Es gibt Bücher, Websites und Newsletter zuhauf, aus denen man die tägliche Dosis Inspiration beziehen kann. Sie geben uns kleine Gedächtnisstützen, die uns im richtigen Fahrwasser halten, und Sie sollen für diese Übung mindestens eine Quelle dieser Art ausfindig machen, die für Sie diese Funktion erfüllt. Sehen Sie zu, ob Sie bei Freunden oder im Buchladen auf brauchbare Ideen stoßen. Ich empfehle Ihnen Bücher, die für jeden Tag des Jahres Texte und Bilder enthalten. Eins könnten Sie auf dem Nachttisch, eins am Frühstückstisch und eins im Büro bereitliegen haben. Knicken Sie die Ecken besonders wichtiger Seiten ein, und unterstreichen Sie Passagen, die Ihnen besonders viel sagen. So finden Sie immer sofort etwas, das Sie aufrichtet, wenn ein Tag kommt, an dem Sie wirklich Inspiration und Motivation gebrauchen könnten. Ich habe solch eine Botschaft immer vor mir auf dem Schreibtisch. Sie lautet: „Frieden findest du nicht durch die Erfüllung von Wünschen, sondern wenn du von ihnen lassen kannst."

Sie können sich auch eine Motivations-CD ins Auto legen, die Sie sich beim Fahren anhören. Und setzen Sie Ihren Computer auf das Thema an. Wenn Sie zum Beispiel bei Google „tägliche Motivation" eingeben, finden Sie lauter Websites, die tägliche Motivationen versenden und dazu noch Tipps zu Büchern, CDs und dergleichen geben.

Die Methode bleibt Ihnen überlassen, sehen Sie nur zu, dass Sie innerlich klar, gesammelt und in Frieden bleiben.

KLEINE SCHRITTE

Und immer nur einen auf einmal

Wenn Ihnen wieder mal ernstlich der Antrieb und die Energie fehlen, sollten Sie überlegen, ob Sie sich nicht einmal frei nehmen und die Arbeit ruhen lassen können, um sich zu erholen. Wenn Sie sich dazu entschließen, müssen Sie sich gleichzeitig von aller Schuld freisprechen – Sie dürfen kein schlechtes Gewissen dabei haben. Diese Übung könnte darin bestehen, dass Sie sich ein aus diesem oder jenem Grund immer wieder aufgeschobenes Vorhaben vergegenwärtigen und sich für den Augenblick ganz bewusst von der Ausführung entbinden.

Wenn sich Energie und Antrieb dann wieder einstellen, fangen Sie ganz langsam an. Versuchen Sie nicht, die verlorene Zeit wieder hereinzuholen, sondern bleiben Sie stetig dran, bis Sie müde werden. Bei einer milderen Gangart hält Ihre Motivation länger vor, und Sie bringen Ihre Sache zu Ende, ohne sich völlig zu verausgaben. Manchmal kommen wir mit eher zurückhaltendem Einsatz viel besser in Schwung, und das Projekt wird dann so interessant und ansprechend, dass wir es mit Feuereifer in Angriff nehmen. Das ist der Punkt, an dem wir den gewohnten Rahmen sprengen, an dem wir über den Tellerrand hinausblicken, wie man so sagt, und die Sache wirklich spannend wird.

Zerlegen Sie Ihre Aufgabe in kleine Schritte. Jede Reise beginnt mit dem ersten Schritt, und wenn Sie in Bewegung bleiben, erreichen Sie auch die Ziellinie. Wenn ich an einem Marathon teilnehme, tue ich immer nur den nächsten Schritt und überlege nicht, wie viele ich noch vor mir habe. Ich denke nur daran, in

Bewegung zu bleiben, und tatsächlich komme ich dann irgendwann an. Einmal hörte ich eine Frau unter den Zuschauern sagen: „Ihr seid alle Sieger." Das werde ich ihr nie vergessen. Tun Sie also einen Schritt nach dem anderen, und Sie werden sehen, dass bei einem Marathon nicht jeder Kilometer hart ist. Manche haben Gefälle und sind ganz leicht.

14 WERDEN SIE IN DER WELT AKTIV

Engagieren Sie sich – jetzt

*Dein ganzes Leben begleitet dich eine Stimme,
die nur du hören kannst. Mythologen nennen sie „der Ruf".
Es ist der Ruf, dich auf den Grundwert deines Lebens
zu besinnen; dich gegen das Bekannte und Sichere für Wagnis
und persönliche Erfüllung zu entscheiden. Vielleicht willst du
deinen Geist nicht hören. Vielleicht ziehst du ein Leben innerhalb deiner Umfriedung vor und meidest das Risiko.
Ja, man kann Glück auch im Vertrauten finden,
in einem bequemen, behaglichen Leben, wo alles
seine überschaubare Ordnung hat. Oder du möchtest dich
neuen Erfahrungen öffnen, deine Konditionierung sprengen –
den Ruf hören. Dann musst du handeln. Wer nie einen Ruf
hört, versäumt und verliert vielleicht nichts.
Hörst du ihn aber und folgst ihm nicht, versäumst und
verlierst du dein Leben.*

JENNIFER JAMES

Coaching-Tipp

Wer anderen hilft, der hilft sich selbst, eine vielfach bestätigte Tatsache. Wenn Sie Ihrer Seele Bewegung verschaffen und Ihrem
Leben mehr Sinn geben wollen, gibt es kaum etwas Besseres, als
sich für eine gute Sache oder eine Hilfsorganisation einzusetzen.

Dazu muss man sich erst einmal aufraffen und in Bewegung setzen. Bewegung, wir sagten es schon, verändert buchstäblich die gesamte Körperchemie. Wir wissen heute, dass ausreichende Bewegung Stoffe im Körper freisetzt, die stimmungsaufhellend wirken. Und freiwillige Helfer leben offenbar länger und länger gesund. Jedenfalls stellte man am Beginn der Ausbreitungswelle von Aids schnell fest, dass HIV-positive Menschen länger gesund blieben, wenn sie sich anderen als freiwillige Helfer zur Verfügung stellten.

Als Aktivist oder ehrenamtlich Tätiger wollen Sie ja mehr, als nur Ihre persönlichen Lebensumstände zu verbessern, und das gibt Ihnen Kraft und Ausdauer, Sie werden es sehen. Ihr Einsatz tut Ihnen selbst und Ihren Lieben und schließlich der ganzen Welt gut.

Also, auf geht's, engagieren Sie sich. Es ist nicht so wichtig, was Sie tun, solange Sie nur irgendetwas tun. Sie können in den Wipfeln besonders schutzwürdiger Bäume kampieren oder sich für die Hilfsbedürftigen an Ihrem Wohnort oder im hintersten Winkel der Welt einsetzen. Tun Sie das, was Ihnen wirklich sinnvoll erscheint. Sogar die Quantenphysiker sagen uns, dass Intentionen die Welt verändern können.

Lassen Sie sich von den folgenden Übungen zur Berufung Ihres Herzens führen und zu mehr Engagement animieren.

WERDEN SIE EHRENAMTLICH TÄTIG

Ihr Engagement hilft allen

Ein sinnvolles Leben – dazu gehören unbedingt auch unentgeltliche Helferdienste. Durch das Aktivwerden finden Sie heraus, was eigentlich Ihre Aufgabe im Leben ist. Sehen Sie sich in Ihrer Gegend um, wo Sie sich als Helfer anbieten können, das soll der Inhalt dieser Übung sein. Und beschränken Sie sich möglichst nicht auf einmalige Einsätze. Welche Form des Dienens könnte Ihnen liegen? Was für Fähigkeiten bringen Sie mit? Was tun Sie wirklich gern? Wem würden Sie gern etwas Gutes tun? Gibt es Freunde oder Angehörige, die krank oder behindert sind und denen Sie in ihrem Kampf gern beistehen würden? Haben Sie so etwas schon gemacht? Gibt es eine politische Streitfrage, zu der Sie einen ganz entschiedenen Standpunkt einnehmen? Es gibt so viele Möglichkeiten, und sie haben einen ganz simplen gemeinsamen Nenner: Erweisen Sie dem Leben einen Dienst, helfen Sie Menschen, Tieren oder der Natur insgesamt.

Für mich gibt es ein paar Dinge, die mir besonders am Herzen liegen und bei denen ich mich immer wieder als Helfer in die Gemeinschaft einbringe: Aushilfe in Tierheimen, Schulen und Pflegeheimen sowie die Teilnahme an Patenschaftsprogrammen wie „Big Brothers, Big Sisters" (in Deutschland BIFFY, „Big Friends for Youngsters – Große Freunde für junge Leute"). Daneben sammle ich manchmal weggeworfene Wertstoffe auf, räume für ältere Nachbarn Schnee oder mähe ihnen den Rasen, helfe hinter der Kasse im Supermarkt als Träger und Packer aus, unterstütze Wohltätigkeitseinrichtungen wie „Habitat for Humanity", die erschwinglichen Wohnraum für Mittellose bereitstellen, und statte die Straßen im Ort hier und da mit zusätzlichen Schildern und Spiegeln aus, um potenzielle Gefahren zu entschärfen. Raffen Sie sich also auf, bewegen Sie sich, helfen Sie aus!

TROMMELN SIE
LEUTE ZUSAMMEN

Gemeinsame Interessen,
gegenseitige Hilfe

Sie können dem Gemeinschaftsleben auch dadurch Auftrieb geben, dass Sie mit anderen Leuten Interessens- oder Hobbygemeinschaften bilden. Diese Übung können Sie als Alternative zu Nummer 66 betrachten. Wo gemeinsame Vorstellungen oder Interessen bestehen, kann man etwas erreichen. Machen Sie sich Gedanken über die Parks oder Schulen in Ihrer Umgebung? Das gilt sicher auch für andere, und Sie könnten es sein, der die Kräfte bündelt. Haben Sie ein Hobby, zum Beispiel Vogelbeobachtung? Machen Sie Leute ausfindig, die diese Leidenschaft teilen, und dann sehen Sie zu, ob man ein Vogelschutzgebiet oder zumindest gemeinschaftlich versorgte Futterstellen draußen in der Natur einrichten kann. Das größte Engagement finde ich häufig in Bürgerverbänden vor, die sich der Erschließung neuer Baugebiete zu Gunsten der Natur entgegenstellen.

Als Einstieg wäre eine Nachbarschaftsparty denkbar, bei der sich die Leute kennenlernen und vielleicht erst einmal Fragen erörtert werden, die alle angehen – Sicherheit der Verkehrs- und Schulwege und dergleichen. Wer Mitverantwortung für sein näheres Lebensumfeld übernimmt, und sei sie noch so klein, sorgt für engere soziale Verflechtung und eine insgesamt wärmere Atmosphäre. Setzen Sie sich für gemeinsame Werte ein, und Sie bleiben nicht nur selbst aktiv, sondern machen das Leben für alle besser.

Übung 68

VERSETZEN SIE SICH
IN DIE LAGE ANDERER

Mitgefühl und Fürsorge

Wer ein echter Aktivist sein will, muss sich in andere einfühlen können und sie in ihren Nöten verstehen und ernst nehmen. Was wir nicht selbst erlebt haben, kann schwer zu verstehen sein. „Touristen" und „Einheimische" erleben die Dinge sehr unterschiedlich. Als Arzt habe ich meine Patienten erst dann wirklich verstanden, als ich selbst Patient war. Wenn Sie aus Ihrer eigenen Erfahrung heraustreten, weitet sich Ihr Blickfeld, und Sie bekommen mehr Gespür für den menschlichen Faktor in allen Dingen des Lebens.

Wählen Sie sich für diese Übung jemanden, dessen Leben Ihrem Leben geradezu entgegengesetzt ist, und jetzt versetzen Sie sich an die Stelle dieser Person. Machen Sie sich klar, wie Sie empfinden und wie dieser Mensch vielleicht empfindet und warum. Was für Schwierigkeiten hat diese Person, von denen Sie verschont sind? Wie würden Sie damit umgehen, wenn Sie betroffen wären? Wenn Sie die Menschen, die es schwerer als Sie haben, wirklich sehen und ihnen eine helfende Hand reichen, schaffen Sie Sinn in Ihrem eigenen Leben. Werden Sie selbstlos in Wort und Tat, blicken Sie weniger auf die eigenen Probleme, und Sie werden staunen, wie viel besser und lebenswerter Ihnen das eigene Leben plötzlich erscheint.

Wenn Sie also wieder einmal jemandem begegnen, dem das Leben gerade übel mitspielt, dann überlegen Sie, wie dieser Mensch sich fühlen mag und wie er wohl in diese Lage gekommen ist. Seien Sie freundlich. Selbst wenn Sie nur Zeit und Zuwendung zu bieten haben, kann das für den anderen sehr wertvoll sein.

Coaching für die Seele

VERGESSEN SIE IHRE GRUND-ÜBERZEUGUNGEN NICHT

Wofür stehen Sie ein?

Woran glauben Sie wirklich? Wer oder was ist Herr Ihres Lebens? Schreiben Sie alles auf, woran Sie wirklich glauben. Dann überlegen Sie, wie diese Überzeugungen Ihr Leben mitgestalten und Ihre Entscheidungen prägen. Setzen Sie diese Überzeugungen konsequent in Ihrem Handeln um?

Falls nicht, gibt es dann vielleicht andere Überzeugungen, von denen Sie tatsächlich geleitet sind? Notieren Sie jetzt also Ihre „ungesunden" Glaubenssätze, die Sie zu ebenso ungesunden Entscheidungen drängen. Unsere negativen Impulse bezeichnen wir normalerweise natürlich nicht als Überzeugungen, aber sie funktionieren wie richtige Überzeugungen. Und sie verhindern, dass unsere Taten unseren Wünschen entsprechen.

Überlegen Sie, wie sich das eher Ungute, das Sie tun, ändern würde, wenn Ihre echten Grundüberzeugungen sich durchsetzen könnten. Wie könnten Sie Schönheit und Hoffnung auf eine dem Menschen, der Sie gern wären, entsprechende Weise in die Welt bringen? Schreiben Sie zuletzt all das auf, was Sie tun könnten, aber noch nicht getan haben, um Ihren Grundüberzeugungen in Ihrem Leben und in der Welt Ausdruck zu geben. Halten Sie diese Liste immer griffbereit, um sich vergewissern zu können, und wiederholen Sie diese Übung immer dann, wenn Sie feststellen, dass Ihr Leben nicht Ihren Überzeugungen entspricht.

Sollte es Ihnen schwerfallen, Ihre Überzeugungen zu benennen, dann beschäftigen Sie sich mit großen Lehrern der Vergangenheit, etwa dem Buddha, oder den Lehren der Bibel. Lesen Sie über Weise der Vergangenheit nach, über ihre inneren Kämpfe, über ihre Bemühungen, anderen zu vermitteln, wie man die schmerzhaften Lektionen des Lebens umgehen kann.

Seien Sie bereit, für all das einzustehen, woran Sie glauben. Sprechen Sie mit anderen über all das, was Sie geändert sehen möchten, schreiben Sie darüber, rühren Sie die Trommel.

Übung 70

MELDEN SIE SICH ZU WORT

Für die eigenen Überzeugungen kämpfen

Die Welt ist voller Druck und Schikanen: Ideen werden unterdrückt, Gefühle werden unterdrückt, Menschen werden unterdrückt. Wir blicken im Allgemeinen zu sehr auf das, was bei anderen anders ist, anstatt die vielen Gemeinsamkeiten zu bemerken. Damit unterdrücken wir aber auch uns selbst. Wehren Sie sich gegen diese Neigung, erheben Sie Ihre Stimme für das, woran Sie glauben. Und sprechen Sie für alle, die nicht selbst für sich sprechen können. Indem Sie sich hinter diese Menschen stellen, sprechen Sie auch für sich selbst und machen die Welt zu einem freieren, humaneren Lebensraum für uns alle. Äußern Sie Ihre Gefühle und Gedanken, sprechen Sie! Ihre Ansichten zählen. Sie sind ein Mensch unter Menschen, und es gibt so vieles, was Sie tun und sagen können, um die Dinge zum Besseren zu wenden.

Bringen Sie also den Mut auf, für Ihre Überzeugungen zu kämpfen, sei es mit Äußerungen über politische Kandidaten, die Sie für die Besseren halten, oder mit Aktionen gegen das geplante Einkaufszentrum auf der grünen Wiese da drüben. Sie haben Anspruch darauf, gehört zu werden. Ihre Bedürfnisse und Wünsche sind zu berücksichtigen. Setzen Sie sich über alle beschwichtigenden oder den Mund verbietenden Einflüsse der Vergangenheit hinweg, und bejahen Sie ohne Vorbehalt Ihre Fähigkeit, sich mitzuteilen und der Welt ringsum Gesichtspunkte nahezubringen, die vielleicht bisher nicht wahrgenommen wurden.

15 SPIRITUELLE GYMNASTIK

Von innen heraus üben

Glück ist: in etwas wahrhaft Großem aufzugehen.

WILLA CATHER

Coaching-Tipp

Ich will Ihnen jetzt von außerordentlich nutzbringenden Übungen erzählen, die man überall und jederzeit machen kann. Gut, man braucht dazu ein wenig Sammlung und Disziplin, aber Sie werden sehen, dass sie sich auf Ihr gesamtes Leben sehr wohltuend auswirken. Ich nenne diese Übungen „spirituelle Gymnastik".

Ich nenne sie „spirituell" und nicht „religiös", weil das nicht unbedingt dasselbe ist. Meiner Ansicht nach haben viele der Propheten und Weisen der Vergangenheit, etwa Jesus oder Buddha, sehr anschaulich gezeigt, wie man ein spirituelles Leben führen kann, ohne allzu sehr an Ritualen und Dogmen zu hängen. Ich halte die organisierten Religionen zwar für wichtig und verdanke ihnen Impulse für die Gestaltung meines Lebens, aber die Formen spiritueller Gymnastik, die in diesem Kapitel gezeigt werden, sind an keinerlei Glaubenszugehörigkeit gebunden – buchstäblich also „Freiübungen", mit denen sich jeder zu einem besseren Leben verhelfen kann. Religiöse Rituale können heilsam sein, wenn Sie ihre Bedeutung und historischen Hintergründe kennen und in diesem Wissen praktizieren. Ohne dieses

Verständnis praktizierte Rituale werden inhaltslos, bedeutungslos und letztlich belastend.

Es gibt eine Menge ganz einfacher spiritueller Übungen, mit denen Sie Ihrem Leben neue Impulse geben können, zum Beispiel tägliche Gebets- und Meditationszeiten, mit denen Sie Ihr Denken beruhigen und wieder Anschluss an den spirituellen Grund des Daseins finden; dazu gehören auch verschiedene Yogaformen, die Lektüre spiritueller Texte und schließlich direkte Unterweisungen durch hoch entwickelte Menschen, etwa in der Form von inspirierenden und wegweisenden Vorträgen. Spirituelle Praxis „ernährt" Sie und lässt Frieden und Weisheit wachsen. Das muss kein einsames Unterfangen sein. Werden Sie ein Schüler, lassen Sie sich von denen, die Sie bewundern, bei der Suche Ihres spirituellen Weges helfen. Die Weisheit der Meister, ob sie noch leben oder nicht, kann Ihnen manches Leid ersparen.

Übung 71

GEHEN SIE MIT DER SONNE

Sonnenaufgang, Sonnenuntergang

Jeder Tag ist ein natürlicher Kreislauf und Rhythmus. Die Sonne geht auf und wieder unter. Die meisten Menschen sind derart beschäftigt, dass ihre Verbindung zu diesen natürlichen Rhythmen und Zyklen abreißt. Auch das Leben ist ein Kreislauf: von der Geburt bis zum Tod. Wir sind alle miteinander verbunden, und was uns am Leben hält, ist diese Verbundenheit.

Nehmen Sie sich einen Tag von allen Verpflichtungen frei, um einen vollen Tageskreis zu erleben. Überlegen Sie sich, von wo aus Sie den ganzen Tag lang einen freien Blick auf den Himmel haben – am besten sind dafür natürlich ein Berg oder die Küste geeignet. Sorgen Sie dafür, dass Sie vor Sonnenaufgang wach werden und die ersten Strahlen und dann die aufgehende Sonne sehen und das Wachwerden des Tages verfolgen. Beobachten Sie den Tag über, wie Pflanzen, Tiere und Menschen auf die verschiedenen Phasen des Sonnenlaufs reagieren. Machen Sie sich die natürlichen Rhythmen des Tages bewusst. Den Sonnenuntergang sollten Sie von dem Platz aus verfolgen, an dem Sie den Sonnenaufgang beobachtet haben. Bleiben Sie noch eine Weile, um die stillen Rhythmen der Nacht zu erleben.

Lassen Sie mit jedem neuen Tag Ihre Sorgen los, akzeptieren Sie die Zyklen des Lebens. Achten Sie darauf, dass Sie tagsüber nicht alle Nöte und Sorgen der Vergangenheit wieder um sich versammeln. Überlassen Sie all das die Nacht hindurch sich selbst, und Sie werden erfrischt mit dem Licht des neuen Tages aufwachen.

Übung 72

MEDITIEREN SIE

In sich gehen

Meditation dient für viele dem Zweck, sich zu entspannen und Verbindung zum Göttlichen aufzunehmen. Im heutigen Leben wird unsere Aufmerksamkeit von so vielem in Anspruch genommen, und beim Meditieren können wir alle diese Ablenkungen einmal ausblenden. Wie oft kommt es vor, dass Sie nur so dasitzen und in sich selbst hineinhorchen oder einfach der Stille Raum geben?

Manchen Leuten empfehle ich zu meditieren, muss dann aber immer wieder feststellen, dass diese Leute ein schlechtes Gewissen bekommen, wenn sie weniger meditieren, als ich ihnen nahegelegt habe. Tatsächlich funktioniert Meditation aber am besten, wenn kein starrer Rahmen vorgegeben wird. Wenn Sie einfach nur still und behaglich dasitzen, kann das auch eine Meditation sein.

Beim Meditieren wollen wir inneren Frieden finden und mehr Gewahrsein entwickeln. Meditation macht uns achtsamer, sie erschließt uns die Natur des Lebens. Hier geschieht etwas Heilendes, aber von innen her, aus der Weisheit des Herzens und des Geistes.

Wählen Sie eine der vielen Formen der Meditation, die sich gut in Ihren normalen Tagesablauf integrieren lässt. Die einfachste Form würde darin bestehen, dass Sie einfach still mit geschlossenen Augen dasitzen und auf alles lauschen, was in Ihnen vorgeht. Wenn anderes Ihnen reizvoller erscheint, gibt es unzählige Bücher und CDs, mit deren Hilfe Sie weitere Meditationsformen ausprobieren können, auch solche, die Rezitationen und Körperbewegungen oder Übungen enthalten. Plagen Sie sich nicht mit allzu detaillierten Ausführungsvorschriften; eine heilende Meditation kommt auch ohne all das aus.

Spazieren gehen, sitzen, Musik hören, Worte der Weisheit lesen – all das kann Meditation sein und zum gleichen Ergebnis führen. Eine gute Meditation trägt Sie immer in einen höheren Bewusstseinszustand und auf eine höhere Ebene des Gewahrseins.

KOMMUNIKATION
MIT DEM GÖTTLICHEN

Allen Gutes wünschen

Ich bete jeden Tag für die Menschen, die mir am Herzen liegen, aber auch für andere, die mir das Leben schwer machen. Ich bete sogar für Menschen, die ich nicht kenne, wenn Sie für mein Leben irgendwie von Bedeutung sind. Natürlich bete ich auch für mich, aber das Leben der Menschen, die mir lieb sind, ist mir ehrlich gesagt wichtiger als mein eigenes, weshalb ich ihnen auch mehr Zeit widme.

Es gibt wissenschaftliche Untersuchungen, die belegen, dass Gebete wirksamer sind, wenn sie einen generellen Segenswunsch und keine speziellen Wünsche aussprechen. Sie könnten es also wie ich machen und einfach Segenswünsche aussenden und Ihre Lieben in heilendes Licht getaucht visualisieren, begleitet von der Hoffnung, dass für ihre Bedürfnisse gesorgt sein wird.

Aber warum bete ich auch für Leute, die mir den Nerv töten? Weil es mich aus ihrer Umklammerung befreit und mir erlaubt, sie in einem anderen Licht zu sehen. Ich verstehe sie dann auch besser, und es fällt mir leichter zu verzeihen, ihnen und mir.

Finden Sie also in Ihrem Alltag Raum für Gebete, das soll der Inhalt dieser Übung sein. Finden Sie heraus, welche Art zu beten Ihnen liegt. Nehmen Sie Verbindung zum Göttlichen auf, und beten Sie für sich, für Ihre Lieben, für alle, die Ihnen nicht lieb sind – und um Mithilfe bei dem Vorhaben, diese Welt in einen Ort des Friedens und der Liebe zu verwandeln.

GUTER RAT MUSS
NICHT TEUER SEIN

Spirituelle Wegweiser

Ich beziehe mich in meinen Vorträgen häufig auf C. G. Jungs Aussage, dass die Zukunft lange im Voraus vom Unbewussten geplant wird und deshalb von Hellsehern geweissagt werden kann. Den Blick in die vom Unbewussten angebahnte Zukunft können Sie aber auch viel kostengünstiger haben. Ich persönlich liebe und benutze das *I Ging* und Engelkarten oder Medizinkarten. Auch mit Runen, Tarotkarten und dem Ouija-Brett habe ich schon experimentiert.

Menschen früherer Zeiten haben solche Divinationsmethoden zur Förderung ihrer spirituellen Entwicklung wohl auch deshalb angewandt, weil ihnen Fragen nach der Natur des Lebens und der Weisheit näher lagen als uns Heutigen, die wir die Dinge so oft unter technischen Gesichtspunkten sehen. Früher wussten sie um viele Formen der Kommunikation mit dem Bewusstsein und dem Unbewussten.

In dieser Übung soll es also darum gehen, dass Sie einfach mal mit solchen spirituellen Divinationsformen experimentieren. Gut möglich, dass Sie staunen werden, was für Zugänge zu höheren Weisungen möglich sind, die Ihr Verstand Ihnen einfach vorenthalten hat. Ich habe allerlei faszinierende Erlebnisse bei Treffen zu diesem Thema gehabt. Was es da nicht alles gab – Trommeln, Klangschalen und Glocken, Kristallkugeln, Pendel, Astrologie, Rückführung in frühere Leben ... Ich bin zu allem bereit, sofern es von therapeutischem Nutzen ist. Lassen Sie sich also von Ihrem Engel ansprechen. Sagen Sie nur Ihren Therapeuten nichts davon, wenn die nicht ebenfalls aufgeschlossen sind und nicht ganzheitlich denken.

WORIN BESTEHT IHRE ROLLE?

Niemand ist unwichtig

Ich stelle mich gelegentlich als Berater des himmlischen Aufsichtsrats vor. Wir alle spielen viele Rollen im Leben: Eltern, Kinder, Brötchenverdiener, Lehrer, Geliebte und so weiter. Doch dann ist da noch eine Hauptrolle, nämlich als Teil des spirituellen Ganzen. Wir sind kein bisschen weniger wichtig als irgendein anderer Teil des Universums. Wir sind aus dem göttlichen „Stoff", aus dem alles ist, aus dieser großen undifferenzierten, intelligenten, liebenden Energie. Machen Sie sich bewusst, dass Sie zur göttlichen Familie gehören und da etwas zu tun haben.

Betrachten Sie sich die nächsten zehn Tage als die rechte Hand Gottes (oder des Geistes). Denken Sie immer daran, wenn es zu entscheiden gilt, was Sie als Nächstes tun oder sagen werden. Sie spielen eine besondere Rolle, Ihre Worte und Taten haben Gewicht. Fragen Sie sich, wie Sie helfen und etwas bewegen können. Halten Sie sich bewusst vor Augen, wer Sie wirklich sind, und handeln Sie entsprechend.

16 TUN SIE, WAS SIE FÜRCHTEN

Wer die Angst umarmt, wird sie in
seinen Armen einschlafen sehen

Ich darf nicht in der Angst bleiben. Angst tötet den Geist.
Angst ist ein Tod, der alles unkenntlich macht. Ich werde mich
meiner Angst stellen. Ich werde sie über mich hinweg und
durch mich hindurch gehen lassen. Und wenn sie vorüber ist,
wende ich mich innerlich um und sehe ihr nach. Wo sie ihren
Lauf nahm, ist jetzt nichts mehr. Nur ich.

FRANK HERBERT

Coaching-Tipp

Wenn Angst Ihrem Leben Grenzen setzt, sehen Sie gut hin: Was
genau ängstigt Sie? Eine Lösung Ihrer Ängste kann es erst geben, wenn Sie sie erfasst und sich ihnen gestellt haben. Wenn jemand mir von Ängsten berichtet, fordere ich diesen Menschen
auf, seine Ängste genau zu bezeichnen und im Detail zu beschreiben, damit wir nicht mit wolkigen Begriffen hantieren. Die am
häufigsten vorkommenden Ängste haben mit dem Sterben, dem
Verlust der Arbeitsstelle oder einer Scheidung zu tun, aber sie
bedeuten für jeden Menschen etwas anderes, und darüber
möchte ich Bescheid wissen. Erst wenn wir unsere Ängste präzise
benennen, können wir sehen, dass wir gar nicht machtlos sind,
sondern durchaus etwas unternehmen können.

Eine Hilfe bei der Überwindung von Ängsten können Visualisierungen sein. Visualisieren Sie zuerst im Detail das Befürchtete, dann aber einen erfreulichen Verlauf und Ausgang. Angst stellt sich ein, wenn Sie sich den fatalen Ausgang der Sache ausmalen, mag es um eine Bewerbung oder eine mögliche Krebsdiagnose gehen. Sie können sich umprogrammieren und Ihrem Leben eine bessere Wendung geben. Ich fordere die Leute auf, ihre Angst als ein weinendes Kind zu betrachten. Nehmen Sie es in den Arm, und dann sehen Sie einfach zu, wie es mit dem Kind und Ihrer Angst weitergeht. Lernen Sie die Angst zu umarmen, und Sie werden zu neuem Leben erwachen.

Es gibt Menschen, die wie Geiseln ihrer selbst leben, weil ihre Ängste ihnen nicht erlauben, die Wohnung zu verlassen. Weshalb lassen sie sich von der Angst beherrschen? Weshalb nicht einfach nach draußen gehen und leben und sich keine Gedanken mehr machen, was passieren könnte oder was die Leute denken mögen? Ich kenne einige, die von ihrer Platzangst plötzlich frei wurden, nachdem man bei ihnen eine lebensbedrohende Krankheit festgestellt hatte. Plötzlich gab es *wirklich* Grund zur Sorge, und die Kinkerlitzchen fielen einfach von ihnen ab. Es gibt aber *nur* Kinkerlitzchen. Machen wir uns klar, dass alles, was wir fürchten, schon von anderen durchlebt und bewältigt worden ist: dass wir einfach alle Menschen sind.

Die Übungen dieses Kapitels wollen Ihnen also helfen, Ihre Ängste zu benennen, anzunehmen und zu überwinden.

WAS FÜRCHTEN SIE?

Die Angst erleben und annehmen

Alles, was wir fürchten, wird in dem Maße kleiner, wie wir es zulassen und annehmen. Kaum haben wir uns der Angst gestellt, schon wird aus dem drohenden Ungeheuer ein kleines Krabbeltier. Wer jedoch immer nur wegläuft, dem wird stets ein Ungeheuer auf den Fersen bleiben. Warten Sie nicht auf eine lebensbedrohende Krankheit, gestatten Sie es sich jetzt schon, Ihren Ängsten einfach entgegenzutreten.

Das ist Inhalt dieser Übung: Überlegen Sie sich etwas, wovor Sie sich schon immer gefürchtet haben, und tun Sie es. Es könnte etwas sein, was Sie immer schon gern gemacht hätten, aber sich nie zugetraut haben, zum Beispiel Ski zu fahren oder vor anderen zu singen; es kann sich aber auch um eine richtige Phobie handeln, die Sie jetzt angehen. Wenn Sie zum Beispiel unter Höhenangst leiden – wie wäre es mit einem Fallschirmsprung, einer Achterbahnfahrt, einer Runde mit einem Kleinflugzeug? Wenn es Agoraphobie ist, die Angst vor offenen Räumen, kann schon der Gang auf die Straße ein heroischer Akt sein.

Sobald Sie sich entschieden haben, was Sie tun werden, sollten Sie erst einmal visualisieren, wie Sie das Vorgenommene angstfrei und erfolgreich bewältigen. Malen Sie sich aus, wie Sie ganz entspannt an die Sache herangehen; passende Hintergrundmusik kann hier fördernd wirken. Während Sie die Szene vor sich sehen, achten Sie darauf, dass Sie alle Gefühle leben lassen, die Ihnen bewusst werden. Sehen Sie am Ende Ihrer Visualisierung noch einmal sich selbst, lächelnd und im Gefühl des Erfolgs.

Und jetzt setzen Sie Ihren Plan in die Tat um. Tun Sie es wirklich, bleiben Sie dabei. Werden Sie wieder Kind, frei von allen auferlegten Hemmungen und Ängsten. Es könnte ja sein, dass es Ihnen Spaß macht.

SPERREN SIE IHRE
BEFÜRCHTUNGEN WEG

Ängste kann man buchstäblich ablegen

Viele Menschen sind sehr weitgehend von Ängsten und Sorgen besetzt, die mit der Zeit so etwas wie vertraute Gefährten werden und Tag und Nacht in den Köpfen herumgeistern. Der alte Spruch „Aus den Augen, aus dem Sinn" hat einiges für sich. Wir wollen zwar nicht, dass unsere Ängste ins Unbewusste abwandern und wir dann nicht mehr wissen, wie sie uns fernsteuern, aber in dieser Übung werden wir ihnen ein neues Zuhause geben.

Nehmen Sie eine nur diesem Zweck vorbehaltene Schachtel, klein und sicher, und machen Sie daraus ein Asyl für Ihre Ängste und Sorgen. Immer wenn Sie Angst aufsteigen spüren, notieren Sie, was Sie da befürchten und wovon die Befürchtung ausgelöst wurde. Halten Sie diese Zettel in Ihrer Schachtel unter Verschluss, und stellen Sie sich bildlich vor, dass sie dort drinnen in die Obhut eines göttlichen Hüters gegeben werden.

Gehen Sie diese Zettel mit Ihren Notizen ab und zu durch. Diese oder jene Angst wird sich schließlich lösen, und wenn das der Fall ist, nehmen Sie die entsprechenden Zettel heraus und entsorgen sie. Irgendwann werden alle Ihre Zettel im Papiercontainer gelandet sein, und Sie werden diese Ängste nie wieder fühlen müssen.

PRAKTISCHE LÖSUNGEN

Gehen Sie systematisch vor

Die meisten unserer Ängste haben Ihre Wurzeln in der Kindheit. Wenn wir noch längst nicht ausgeformt sind, werden wir mit Dingen belastet, die andere – Eltern, Lehrer und andere Autoritätsträger – uns einreden, und so übernehmen wir auch deren Probleme zum Teil. Manche lernen zum Beispiel, dass man immer mit dem Schlimmsten rechnen muss, aber leider bekommen sie nichts an die Hand, was ihnen gegen die daraus erwachsenden Ängste helfen könnte. Unsere Schwierigkeiten als Erwachsene haben dann weniger damit zu tun, dass die Welt uns schlecht behandelt, sondern sind eher unserer frühen Welterfahrung nachgebildet.

Auch diese Übung soll Ihnen bei der Bewältigung von Ängsten helfen. Teilen Sie ein Blatt Papier der Länge nach in zwei Spalten. In der linken Spalte notieren Sie untereinander Ihre Ängste. Benennen Sie eingehend und genau, wovor Sie sich fürchten. In der rechten Spalte schreiben Sie auf, was geschehen müsste, um die von Ihren Ängsten geschaffenen Probleme zu beheben. Da wird es ganz persönliche, aber auch praktische Lösungsansätze geben. Wo und wie können Sie sich und Ihr Leben ändern, zum Beispiel dadurch, dass Sie sich an andere wenden oder Ihre Grundüberzeugungen und Verhaltensweisen überdenken?

Jetzt nummerieren Sie Ihre Ängste nach dem Gewicht in Ihrem Leben durch. Wenn das getan ist, wählen Sie eine aus, mit der Sie sich auseinandersetzen wollen, und zwar ab heute. Es kann leichter sein, mit weniger großen Ängsten anzufangen, das gibt Ihnen Zutrauen zu Ihrer Fähigkeit, etwas zu ändern. Tun Sie notfalls einfach so, als wären Sie schon so weit, die Realität wird folgen.

MALEN SIE ALLES SO SCHWARZ WIE MÖGLICH

So schlimm wird es dann doch nicht

Wenn Sie mal wieder von irgendeiner Befürchtung umgetrieben werden, kann ich Ihnen die folgende hochwirksame Übung empfehlen. Ich wende sie schon seit Jahren an, und sie befreit mich unfehlbar von meinen Nöten.

Zum Beispiel, wenn ich in einer anderen Stadt einen wichtigen Vortrag zu halten habe. Auf dem Weg zum Flughafen bleibe ich in einem verheerenden Stau hängen, und bald regt sich der Gedanke, ob ich wohl meinen Flug noch erwische. Die Sache sieht allmählich aussichtslos aus. Mir wird immer beklommener, die Gedanken suchen hektisch nach Lösungen, die es sowieso nicht gibt. Anstatt mir nun gut zuzureden, überlege ich mir, was im allerschlimmsten Fall passieren könnte und was dann mit mir wäre. Was, wenn ich den Flug verpasse? Was, wenn es dann keine weiteren Flüge mehr gibt? Wie lange kann ich hier überhaupt ohne Essen, Toilette und Wärme überleben, wenn der Tank leer ist? Wer wird nach Monaten meine gebleichten Gebeine finden? Wenn ich das Drama bis an sein finsteres Ende ausgesponnen habe, stelle ich fest, dass ich in Gelächter ausbreche, und das entspannt natürlich. Die Welt wird nicht untergehen, wenn ich den Flug verpasse, außerdem habe ich mir überlegt, was ich noch machen kann, wenn es tatsächlich dazu kommt. Und schließlich kann der Flug ja auch verspätet sein, sodass ich ihn doch noch bekomme.

Noch ein Beispiel: Nehmen wir an, Sie könnten die nächste Miete nicht rechtzeitig bezahlen. Malen Sie sich die Folgen bitte schön schwarz aus: Was könnte im allerschlimmsten Fall passieren? Der Vermieter wird böse sein. Fragen Sie sich weiter: „Komme ich damit zurecht?" Antworten Sie unbedingt mit JA. Dann weiter: „Wie wird es mit meiner Kreditwürdigkeit aussehen, wenn er überall herumerzählt, dass ich meine Miete nicht rechtzeitig zahle? Was, wenn ich sie gar nicht zusammenkriege? Was, wenn er mich vor die Tür setzt?" Sagen Sie sich nach jeder Frage, dass Sie damit zurechtkommen können. Wenn Sie so weit sind, dass Ihr Vermieter Sie hinter Schloss und Riegel bringen will, werden die früheren Sorgen Ihnen nicht mehr gar so drückend erscheinen. Vielleicht stoßen Sie auch auf ganz unerwartete Lösungen, etwa die, dass es überhaupt gut wäre, eine neue Wohnung mit einem netteren Vermieter zu haben. Wie auch immer, Sie werden sich nach dieser Übung besser fühlen und wieder einmal herzlich über sich lachen können. Und nicht vergessen, im Zweifelsfall gilt immer: Was würde Lassie tun?

HERBSTLAUB

Vergessen Sie nicht zu leben

Ängste beengen und halten Sie davon ab, Ihr Leben voll auszukosten. Furcht vor dem Tod kennt sicher so gut wie jeder. Wer möchte sterben, ohne richtig gelebt zu haben? Denken Sie an Herbstlaub. Weshalb wohl färben sich die Blätter so prachtvoll, bevor sie vom Baum des Lebens loslassen? Gott würde vielleicht sagen, er wolle lediglich den Neuenglandstaaten in den USA ein paar zusätzliche Einnahmen verschaffen, aber ich glaube, das ist nicht alles.

Ich glaube, die bunten Blätter wollen uns sagen, dass wir uns gut überlegen sollten, ob wir einfach nur ein grünes Blatt sein wollen, das den Familienstammbaum glücklich macht, weil es sich so brav einfügt und den umstehenden Bäumen keinen Anlass zum Kopfschütteln gibt. Blätter im Spätsommer spüren, dass ihre Zeit zu Ende geht, und dann halten sie nicht an ihrem Grün fest, sondern lassen ihre Einzigartigkeit und Schönheit sichtbar werden. Sie überlegen nicht, was irgendwer denken könnte.

Versäumen Sie nicht, die unvergleichliche Farbenpracht Ihres Lebens sichtbar werden zu lassen, bevor Sie abfallen. Könnten Sie nicht *jetzt* Ihre Sterblichkeit akzeptieren und sich damit die Freiheit erringen, genau der Mensch zu sein, der Sie sind? Eine Art der Auseinandersetzung mit der Furcht vor dem Tod besteht darin, dass man sich klarmacht, was Sterben bedeutet. Darum geht es in dieser Übung. Sie können sich ganz bestimmte einzelne Ängste vornehmen und Vorbereitungen treffen. Wenn Sie zum Beispiel Schmerzen und Leiden, Isolation und endlose medizinische Prozeduren fürchten, können Sie mit Ihren Ärzten und Angehörigen, aber auch mit Geistlichen darüber sprechen, welche Entscheidungen im Voraus und welche Hilfen im Fall des Falles möglich sind. Treffen Sie die entsprechenden Arrangements jetzt, und ringen Sie sich dazu durch, Ihre Sterblichkeit nicht zu leugnen, sondern zu bejahen. So können Sie in der Zeit, die Sie haben, Ihr Leben heil und ganz machen und wirklich voll ausleben.

17 DER SEELISCHE ERNSTFALL

So bewältigen Sie Krisen

In jedem schwierigen Augenblick liegt die Möglichkeit,
dass er mir die Augen und das Herz öffnet.

MYLA KABAT-ZINN

Coaching-Tipp

Wir haben in den Vereinigten Staaten die Notrufnummer 911, die vor einigen Jahren eine weitere Bedeutung bekommen hat: 11. September, der Tag des Anschlags auf das World Trade Center. Not, Hilferuf – das liegt auch im Zusammenhang unserer Thematik nah beieinander. Der biblische Prophet Jona hätte damals mit einer Notrufnummer nicht viel anfangen können, als ihn der Wal verschluckte. Aber er wusste, dass seine Stimme gehört und seine Gebete erhört werden würden. So war es auch, und Jona konnte sagen: „Ich schrie aus dem Bauche der Hölle, und du hörtest meine Stimme." Das ist wahrer Glaube. Solcher Glaube trägt Sie durch jede „911-Situation", jeden echten Ernstfall.

Katastrophen erinnern uns daran, dass unsere Zeit hier begrenzt ist, und wie kostbar sie ist. Denken Sie an all die Handyanrufe am 11. September, diese letzten Augenblicke, in denen die Menschen einander noch einmal sagten: „I love you." Ich hoffe, Sie können Ihre Sterblichkeit annehmen und lassen sich von den kleinen Widrigkeiten des Lebens nicht davon abhalten, Ihre Liebe zu leben. Sagen Sie jedes Mal, wenn Sie aus dem Haus gehen, jedes Mal, wenn Sie heimkommen: „Ich liebe dich."

In echten Notsituationen wachsen wir als Einzelne und in der Gruppe über uns hinaus. Wenn jemand verletzt ist oder dringend Hilfe benötigt, werden wir eine große Familie. Wenn es unserer Seele gut gehen soll, müssen wir dieses Gefühl von Einheit auch dann wahren, wenn wir nicht akut bedroht sind.

Stress gehört für uns zum täglichen Leben. Gegenüber unserem Stress können wir nur in der Haltung des Überlebenskünstlers bestehen; Opfermentalität erreicht hier gar nichts. Überlebenskünstler bewegen sich, tun etwas, sagen, was zu sagen ist, anstatt einzuknicken und aufzugeben. Sie werden aktiv, beißen sich durch.

Ich las kürzlich über eine wackere ältere Dame, die in ihrer Wohnung überfallen wurde und gleich zum Hörer griff. Als der Räuber ihr das Telefon entwinden wollte, schlug sie damit so entschlossen auf ihn ein, dass er die Flucht ergriff – wohl weil er erkannt hatte, dass er eine echte Überlebenskünstlerin und kein Opfer vor sich hatte.

Scheuen Sie sich nicht, um Hilfe zu bitten, wenn bei Ihnen der seelische Notstand ausbricht. Sehen Sie zu, dass Sie die Leute in Ihrem Leben finden, die Ihnen durch dick und dünn die Stange halten. Nehmen Sie sich auch an Jona ein Beispiel, vertrauen Sie auf Ihre spirituellen Ressourcen.

Mit den folgenden Übungen können Sie sich eine Infrastruktur für die Bewältigung stressreicher und seelisch belastender Lebensphasen schaffen.

SCHOKOLADENKICK

Mobilisieren Sie Endorphine

Bei trüber Stimmung kann Schokolade durchaus einiges ausrichten. Ich empfehle gern Schokoladeneis als Muntermacher. Da fühlt man sich richtig geliebt und happy. Ja wirklich, Schokolade ist das Heilmittel für das alltägliche Stimmungsloch. Diese Übung verlangt nicht viel von Ihnen: Halten Sie einfach dunkle Schokolade oder ein Päckchen Schokoladeneis griffbereit, und immer wenn Sie das Gefühl haben, dass Sie mal wieder dringend etwas Aufbauendes benötigen, gönnen Sie sich etwas Schokoladiges. Ob Sie es glauben oder nicht, Schokolade in Maßen ist gut für Leib und Gemüt.

Nun ist den meisten Menschen aber nicht klar, dass Schokoladeneis in unserem Leben in allerlei Formen und Größen vorkommt. Was ist das Schokoladeneis Ihres Lebens? Der Antwort werden Sie entnehmen können, wie es mit Ihrem Leben weitergehen soll und was Sie mit Ihrer Zeit anfangen sollten.

SEIEN SIE IHRE EIGENE HOTLINE

Wie Antworten zu finden sind

Wenn Sie wieder einmal seelisch in der Klemme sind, könnten Sie Folgendes versuchen: Stellen Sie sich eine Seelen-Hotline vor, über die es auf alles eine Antwort gibt. Wählen Sie die Nummer, und stellen Sie sich vor, was die Person am anderen Ende sagen wird. Welche Fragen, welche Schritte würde man Ihnen da ans Herz legen, damit Sie über Ihre Schwierigkeiten hinwegkommen – Kummer, Traurigkeit, Einsamkeit, Schuldgefühle oder was es auch sei. Tatsächlich gibt es diese Seelen-Hotline, sie steht Ihnen zur Verfügung, wenn Sie nur hinhören.

Säße meine Mutter am anderen Ende, wären Sie mit der Antwort wahrscheinlich nicht übermäßig glücklich. In meiner Jugend hat sie mich schier um den Verstand gebracht, wenn ich von der Schule nach Hause kam und ihr erzählen wollte, was mir da schon wieder alles zugestoßen war. Sie sagte nämlich immer nur: „Gott will dir eine neue Richtung weisen. Das hat bestimmt auch sein Gutes, wirst sehen." Mir kam es so vor, als wollte sie sich nur vor der Auseinandersetzung mit meinem Schulärger drücken. Also ging ich lieber in mein Zimmer, um mit Gott zu reden. Ich machte die Tür zu, sie sollten mich ja nicht für verrückt halten. Mit Gott reden – so kann man diese Seelen-Hotline auch betrachten.

Ich brauchte ziemlich lange, um zu verstehen, welcher Segen in den Worten meiner Mutter lag. Sie gab mir ein ganz neues Zukunftsverständnis und lehrte mich hoffen. Oft, wenn etwas nicht so eintraf, wie ich gehofft hatte, kam letzten Endes sogar etwas noch Besseres heraus. Halten Sie also Ihre Hotline offen, und dann schauen Sie, was passiert.

RITUAL

Innere Reinigung

Wenn Sie Ihre Gefühle und Seelenregungen verleugnen, wirkt sich das schädigend auf Ihren Körper aus. Sobald Sie jedoch aufhören, brav zu sein und es anderen recht zu machen, werden Sie gerechtfertigten Ärger auch zeigen, und das führt Sie auf den Weg zu Verständnis und Vergebung, Gesundheit und Wohlbefinden.

Wenn Sie unausgesprochene Gefühle endlich äußern, können Sie sogar Ihre Vergangenheit heilen. Denken Sie an irgendetwas Schwieriges in Ihrer Vergangenheit, ein Ereignis oder eine Beziehung. Vielleicht haben Sie etwas getan, was Sie sich schwer verzeihen können, oder es gibt da einen Menschen, dem Sie nicht verzeihen können. Jetzt nehmen Sie ein Blatt Papier, und schreiben Sie alle negativen Gefühle auf, die Ihnen zu diesem Vorkommnis oder der Person einfallen. Danach visualisieren Sie ein Ritual: Sie segeln auf einen See hinaus und werfen Ihre negativen Gedanken über Bord. Sie können auch ein richtiges Feuer machen, Ihre Notizen in die Flammen werfen und zusehen, wie sie verbrennen. Fühlen Sie sich jetzt anders? Visualisieren Sie den Menschen, mit dem Sie Schwierigkeiten haben, umgeben Sie ihn oder sie mit Liebe, Vergebung und Bejahung. Vergessen Sie nicht, auch sich selbst zu verzeihen.

Wiederholen Sie das Ritual so lange, bis Sie das Umschlagen Ihrer Gefühle wirklich spüren. Wenn Sie diesem Menschen wieder einmal begegnen, werden Sie eine Veränderung in der Beziehung feststellen. Bewusstsein ist keine „lokale" Angelegenheit; Sie haben durch Ihre Bemühungen wirklich etwas verändert.

MUSIK HÖREN

Lassen Sie sich tragen

Musik begleitet uns alle durch den Tag. Halten Sie einmal inne, um zu lauschen. Sie werden sehen, dass wir jederzeit von Lauten und Geräuschen umgeben sind. Anstatt jedoch Ihren Alltag durch Fernsehnachrichten und Ähnliches noch zerfahrener zu machen, können Sie Musik auch verwenden, um sich zu sammeln und Ihre Gefühle tiefer werden zu lassen. Musik hilft beim Lernen, und ich habe im Operationsraum immer Musik laufen, weil Sie den Patienten und dem Team gut tut. Jedenfalls weiß ich, dass die Nachrichten einen weder gesünder machen noch besser schlafen lassen.

Diese Übung besteht darin, dass Sie sich verschiedene Arten von Musik anhören. Bei welcher Musik werden Sie ruhig und fühlen sich wohl? Solche Musik müssen Sie spielen, wenn Sie in Stresssituationen kommen, zum Beispiel beim Autofahren. Wenn Sie sich entspannen möchten, dann lieber bei dieser Musik als beim Fernsehen. Lauschen Sie der heilenden Musik Ihrer Seele – deswegen heißt sie ja Soul Music: Sie vermittelt eine Botschaft. Harmonie finden Sie durch Musik, die Sie wirklich mögen. Lassen Sie sich davon durch den Tag tragen.

Übung 85

DIE GETRÄNKE
GEHEN AUF MICH!

Das Elixier des Lebens

Laden Sie einen Freund oder eine Freundin auf ein Schlückchen ein. Wenn es so weit ist, vergessen Sie nicht, auch die Worte, ja die Gegenwart des anderen zu „trinken". Unterstützendes für die Seele wird nicht nur in Krisen geschmiedet, sondern auch in den kleinen Augenblicken, die unsere Beziehungen ausmachen. Was Sie im Rahmen dieser Übung zu sich nehmen, spielt keine Rolle – eine Tasse Kaffee oder Tee, ein Bier oder ein Glas Rotwein; unwichtig ist auch, ob Sie einen Coffeeshop oder eine Bar aufsuchen oder mit der Thermoskanne in den Park ziehen. Es geht nicht darum, sich mit Koffein oder Alkohol wieder mal ein kleines High zu verschaffen. Sie wollen vielmehr das Elixier des Lebens und alles, was es uns schenken kann, mit jemandem teilen.

Wichtig ist, dass wir die mit einem Freund oder Familienmitglied verbrachte gemeinsame Zeit und die gewechselten Worte wirklich erleben. Jeden Morgen schaue ich bei einem unserer Kinder auf einen Kaffee vorbei, und dann können wir einander unsere Sorgen, Gefühle und Erkenntnisse mitteilen, die Liebe spüren, die Berührungen genießen. Das macht unser gemeinsames Leben aus und hilft uns von einem Tag zum nächsten weiter. Die Worte des anderen werden „getrunken" und ohne Urteil oder Vorurteil aufgenommen. Echtes Zuhören ist so heilsam.

Bei dieser Übung geht die erste Runde auf mich, ich zahle. Sie müssen ja nicht unbedingt den Jahrhundertjahrgang entkorken, dem Sie neulich bei der Auktion nicht widerstehen konnten. Führen Sie die Menschen, die Ihnen besonders viel bedeuten, *aus*. So lassen Sie sie bei sich *ein*. Überschütten Sie diese Menschen mit Liebe, ungefähr so, wie wir es von den Champagnerfontänen nach gewonnenen Meisterschaften kennen.

18 LASSEN SIE IHRE KREATIVEN MUSKELN SPIELEN

Schaffen Sie ein Kunstwerk – mit dem, was gerade zur Hand ist

*Kreativität verlangt den Mut,
alle Gewissheiten fahren zu lassen.*

ERICH FROMM

Coaching-Tipp

Schöpferischer Ausdruck ist sehr wichtig für Ausgeglichenheit und Gesundheit. Mein Weg des schöpferischen Ausdrucks ist immer das Schreiben und Malen gewesen. Beide haben in meinem Leben eine große Rolle gespielt. Wie Sie Ihre Kreativität zum Ausdruck bringen, bleibt Ihnen überlassen, wichtig ist nur, dass Sie solch ein Ventil haben.

Scheuen Sie sich nicht, neue Ausdrucksformen auszuprobieren. Sie sehen sich vielleicht als jemanden, der keine gerade Linie ziehen oder auch nur einen einzigen interessanten Satz schreiben kann, aber es gibt keine „hoffnungslosen Fälle", glauben Sie mir. Die schlechteste Note meiner vier Jahre auf dem College habe ich im Fach „kreatives Schreiben" bekommen. Ich habe inzwischen Bestseller verfasst, aber das gibt mir nicht das Recht, eine Revision meiner damaligen Note zu verlangen, um nachträglich doch noch einen Abschluss mit Bestnote hinzukriegen. Woher die schlechte Note? Weil ich Wissenschaftlichkeit mit reiner Kopfarbeit verwechselte, bei der das Herz nichts zu suchen hat. Ich brauche nach wie vor ein Korrektiv, wenn ich wieder in diese Spur gerate und anfange, staubtrocken zu dozieren.

Man muss wirklich sehen, wenn man schreiben oder ein Gesicht, einen Baum oder irgendetwas malen will. Ich glaube, dass bildende Künstler und Schriftsteller die Welt im Großen wie im Kleinen sehr detailliert wahrnehmen. Deshalb können Sie das Leben durch ihre Kunst schildern oder abbilden. Ich male seit meiner Kindheit und bin eigentlich Chirurg geworden, damit die Geschicklichkeit meiner Hände möglichst gut genutzt wird. Auch eine Operation kann ein Kunstwerk sein. Ich weiß noch, wie ich über die Schönheit des menschlichen Körpers gestaunt habe – wir sind nämlich innen ganz schön farbenprächtig.

Wenn Sie Ihre Optik auf „kreativ" eingestellt haben, wird Ihnen erst bewusst, wie schön Gottes Schöpfung ist. Eine Blüte – blicken Sie tief hinein, um all die winzigen und zarten Einzelheiten zu sehen, die sie zu einer Blüte machen. Hinter dieser Schöpfung, glauben Sie mir, steht ein wahrer Künstler.

Wie kann der Ausdruck Ihrer Kreativität Sie heil und ganz machen? Da gibt es zwei Gründe: Wenn Sie etwas tun, was Sie die Zeit vergessen lässt, gelangen Sie in einen tranceartigen Zustand, in dem Sie alterslos und vom Körperbewusstsein entbunden sind und nichts Sie belastet. Und wenn Sie in Worten oder Bildern Gefühle zum Ausdruck bringen, kann alles innerlich Festgehaltene an die Oberfläche kommen, was sich heilsam auf Körper und Seele auswirkt.

Reservieren Sie also immer Zeit für künstlerische Betätigung. Ob Sie Strichmännchen malen oder sich an einem richtigen Gemälde versuchen, ob Sie ein kleines Gedicht schreiben oder einen Garten anlegen, ob Sie erfüllte Beziehungen schaffen oder einen Roman verfassen – alles ist richtig, solange es Ihre Kreativität fordert und fördert. Mit den folgenden Übungen können Sie Ihre Kreativität entfesseln und sich neue Ausdrucksmöglichkeiten erschließen.

COLLAGEN

Schmücken Sie Ihr Leben
mit Bildern aus

Collagen zu kleben macht Spaß, und Sie können hier ganz einfach Kunstwerke aus allem machen, was Sie dem Leben ablauschen. Sie schneiden Symbole und Bilder aus und kleben Sie mit anderen Dingen zusammen, von denen Sie sich angesprochen fühlen, und so wird aus bekannten Objekten etwas Neues.

Bei uns zu Hause ist die ganze Küche eine Collage, an allen Schränken Fotos, Familiennotizen, Zeitungsausschnitte, Auszeichnungen, Programme von Prüfungsfeiern und natürlich Geburts-, Todes- und Heiratsanzeigen. Ich habe immer das Gefühl, dass wir selbst jung bleiben, wenn wir das Haus so lassen, wie es war, als unsere Kinder klein waren. Warum altern, wenn man jung werden kann?

Diese Übung beinhaltet also, dass Sie entweder eine persönliche Collage Ihres Lebens anfertigen oder eben eine öffentliche nach Art unserer Küche, die ein Gesamtbild von Familie und Freundeskreis vermittelt. Für die persönliche Collage suchen oder kaufen Sie sich ein Stück Karton in entsprechender Größe und bekleben Sie es mit Bildern, Zeitungsausschnitten, weisen Worten oder was Ihnen gerade inspirierend, motivierend oder einfach anregend erscheint. Es bleibt Ihnen überlassen, ob Sie ein buntes Sammelsurium anstreben oder das Ganze irgendwie thematisch gestalten möchten. Das fertige Werk können Sie in Küche, Schlafzimmer oder Büro „ausstellen".

Eine lebende Familiencollage entsteht fast von selbst, wenn Sie zum Beispiel Magnete und eine entsprechende Haftfläche anschaffen oder einfach vorhandene metallene Oberflächen wie die Kühlschranktür nutzen und alles sichtbar anbringen, was in Ihrer Familie so passiert. Sie schaffen da ein „Heiligtum" für alle, die Ihnen am Herzen liegen. Gestalten Sie es so interessant wie möglich!

FREIES SCHREIBEN

Verfassen Sie eine Kurzgeschichte

Jedes Leben ist eine Geschichte, aber die meisten dieser Geschichten werden kaum je erzählt, geschweige denn aufgeschrieben. Jetzt ist es Zeit, eine Geschichte zu schreiben, entweder aus dem Leben oder erfunden. Ich selbst betrachte eigentlich nichts als „erfunden", schließlich entspringen ja alle Geschichten der bewussten oder unbewussten Erfahrung ihrer Autoren. Das Schreiben gibt dem Schreibenden etwas: Indem man Gefühle ausdrückt, setzt man Gefühle frei, die sich äußern möchten, und das kann dem Leben nur zuträglich sein. Viele Untersuchungen belegen die positive Wirkung des Tagebuchführens, Geschichtenerzählens und Schreibens.

Ich hatte einmal Gelegenheit, mit Mario Puzo, dem Autor des Romans *Der Pate*, über das Schreiben zu plaudern. Er sagte, er sitze einfach da und warte ab, bis die Gestalt, über die er gerade schrieb, ihn anspreche und ihm sage, was er schreiben solle. Das heißt für mich, dass er die Gestalt *wird*, von der er schreibt.

Schreiben Sie also eine Geschichte. Nur so für sich, oder für die Familie oder für die Welt. Es spielt keine Rolle, für welche Altersgruppe Sie schreiben. Was ist Ihnen wichtig zu sagen? Nehmen Sie sich Stift und Papier oder setzen Sie sich an den Computer – und los. Legen Sie sich keinerlei Beschränkungen auf, Sie müssen nicht einmal auf Rechtschreibung oder Grammatik achten. Denken Sie nicht groß nach, erlauben Sie Ihren Ideen freien Fluss. Wenn Sie über eine fiktive Gestalt schreiben möchten, gut; wenn es Ihnen natürlicher erscheint, über eine

schillernde Person in Ihrem Leben zu schreiben, auch gut. Wählen Sie ein trauriges oder komisches Ereignis oder irgendeine
Gefühlserfahrung, und halten Sie sie für die Nachwelt fest.

Geben Sie Ihrer Familie Einblick in Ihre Geschichten, vielleicht bekommt der eine oder andere auch Lust zum Geschichten-
erzählen oder Schreiben. Die interessantesten Geschichten kommen oft von älteren Menschen. Sie schöpfen aus einem ganzen
Leben.

Übung 88

FOTOGRAFIEREN

Das Leben als Kunstwerk

Von einem Patienten, der Landschaftsgärtner war, habe ich gelernt, wie schön die Natur und das Leben sein können. John hatte Krebs, und als sich zeigte, dass ich ihn mit chirurgischen Eingriffen allein nicht kurieren konnte, lehnte er jede weitere Behandlung ab und verließ das Krankenhaus, um nach Hause zu gehen. Er sagte: „Sie haben vielleicht nicht bemerkt, dass Frühling ist. Ich gehe nach Hause, um die Welt schön zu machen, bevor ich sterbe." Um es kurz zu machen, er ist tatsächlich gestorben, aber nicht an Krebs und erst Jahrzehnte später, mit vierundneunzig Jahren. Er hat mir die Augen für die Schönheit der Welt geöffnet. Er machte mich auf winzige Blüten aufmerksam, die ich niemals bemerkt hätte, und ich lernte, die Welt wirklich anders zu sehen. Seitdem bringe ich manchmal blühendes Unkraut mit nach Hause, um es im Garten einzupflanzen. Schönheit ist überall zu finden.

Die meisten von uns sind keine Künstler, die solche Schönheit in Bild oder Wort nachschöpfen können. Nehmen Sie also Ihre Kamera, und machen Sie einen Spaziergang. Nehmen Sie die Schönheit wahr und bannen Sie etwas davon in atemberaubende Bilder. Senken Sie den Blick zu den Blumen, aber heben Sie ihn auch zum Himmel, betrachten Sie Bäume, das Meer, die Menschen und alles Lebendige ringsum. Blüten, nichts als Blüten. Jeder von uns ist einzigartig und auf seine Weise schön, Sie auch. Je mehr Sie sich umsehen und fotografieren, desto mehr wird Ihnen auffallen und desto schöner wird die Welt.

Behalten Sie also die Kamera möglichst immer bei sich, um die Wunder der Welt festzuhalten. Nehmen Sie die Schönheit überallhin mit, legen Sie in Ihrem Herzen einen Vorrat an.

WANDMALEREI

Verschönern Sie Ihre Umgebung

In einem der Aufwachräume der Klinik, in der ich gearbeitet habe, bin ich einmal einer Eingebung gefolgt und habe die Wände bemalt. Da war ein Pinguin zu sehen, der mit einem Stethoskop ein bebrütetes Ei abhorchte, an einer anderen Stelle ein Aquarium, Vögel, Regenbogen und vieles andere. Es war der Raum, in dem Kinder aus der Narkose aufwachten, und ich dachte mir, es würde vielleicht ihre Schmerzen, ihre Angst und Verwirrung lindern, wenn sie beim Aufwachen solche Bilder sähen. Einmal habe ich mich auch angeboten, den Autoschalter unserer Bank mit einem Bild zu verschönern, damit die Leute ein bisschen Ablenkung hatten, wenn sie nervös in der Schlange standen und sich ärgerten, dass alles so langsam ging.

Denken Sie einmal an all die Orte, an denen Sie selbst arbeiten oder warten oder wohnen. Wie könnten Sie Ihre Welt kurzweiliger und angenehmer machen? Überlegen Sie sich für diese Übung eine Stelle, an der Sie ein Wandbild malen könnten. Sie können die Welt für sich und andere lebenswerter machen, es braucht nur ein wenig Inspiration. Wenn Sie daheim anfangen möchten, wäre vielleicht ein Kinderzimmer oder Spielzimmer der richtige Ort. Denken Sie aber auch an Ihre Arbeitsstelle oder öffentlich zugängliche Orte, an denen ein Gemälde willkommen sein könnte. Malen Sie irgendwo etwas, das den Menschen ein wenig von ihrem Stress und ihrer Spannung nimmt, wenn sie daran vorbeikommen. Ein Wandbild bringt positive Energien in Fluss. Wenn Sie es sich allein nicht zutrauen, können Sie vielleicht andere für solch einen Plan gewinnen und irgendeinen kleinen Bereich in der näheren Umgebung verschönern.

KREATIV MIT KRIMSKRAMS UMGEHEN

Basteln Sie!

Ich werfe nie etwas weg. Der Künstler in mir lässt mich nicht. Also hebe ich auf: Autoteile, Werkzeug, Spielzeug, Holzreste, Fenster – eigentlich alles, was man sich denken kann. Was mache ich damit? Ich bastele dies und das für unsere Kinder und Enkel, für die Haustiere, aber auch für meine Frau und mich, laute Dinge, an denen man Freude hat und mit denen man spielen kann. Unser Haus und Garten sehen ziemlich ungewöhnlich aus, wie Sie sich vorstellen können. Aber die Kinder und die Tiere mögen es so, gar keine Frage!

Die Kinder lieben das Baumhaus, das ich ihnen aus altem Bauholz und alten Fenstern gezimmert habe, die Tiere gehen liebend gern über meine Plattform-Konstruktionen ein und aus. Unser Haus ist auch voller Bastelarbeiten unserer Kinder, die sie früher angefertigt haben; im Wohnzimmer und in den Kinderzimmern steht alles von den Modellbasteleien bis zu den Skulpturen noch da.

In dieser Übung sollen Sie selbst zum Objektkünstler werden. Sehen Sie sich im Haus oder auf dem Flohmarkt nach interessanten Gegenständen um. Scheuen Sie sich nicht, kreativ zu sein und für irgendjemanden in Ihrem Leben etwas aus vorhandenem Krimskrams zu basteln. Es kann etwas fürs Haus oder für draußen sein – irgendetwas, das die Welt bereichert. Vögel zum Beispiel werden einen neuen Nistkasten oder ein Futterhäuschen zu schätzen wissen, und alle Kinder lieben Hütten und Rutschbahnen.

BALANCEAKT

19

Auch Sie haben Bedürfnisse

*Das rechte Maß im Leben finden, den Ausgleich äußerer
und innerer Kräfte, das ist der beste und sicherste Weg.
Wer es kann und so lebt, der ist wahrhaft ein Weiser.*

EURIPIDES

Coaching-Tipp

Wie schaffen wir den Ausgleich zwischen unseren persönlichen
Bedürfnissen und denen unserer Umwelt? Brian Dyson, Ge-
schäftsführer bei Coca-Cola Enterprises, hat dazu ziemlich klare
Vorstellungen: „Stellen Sie sich das Leben als ein Jonglieren mit
fünf Kugeln vor: Arbeit, Familie, Gesundheit, Freunde und das
Geistige ... Arbeit ist ein Gummiball; wenn er einem hinfällt,
springt er wieder hoch ... Familie, Freunde, Gesundheit und Geist,
die sind dagegen aus Glas. Wenn Sie hier etwas fallen lassen,
können Sprünge und Macken entstehen oder diese Glaskugel
geht ganz zu Bruch. Das muss man wissen und dann den Punkt
des Ausgleichs im Leben finden."

Wenn Ihr Leben nicht im Gleichgewicht ist, werden keine
Bedürfnisse befriedigt, auch Ihre eigenen nicht. Um dieses
Gleichgewicht zu finden, müssen Sie zunächst feststellen, wo Ihre
eigenen Bedürfnisse und Grenzen liegen. Erst dann können Sie
Entscheidungen treffen, auch mal nein sagen und Ihre Zeit ohne
Gewissensbisse oder Schuldzuweisungen frei einteilen. Unsere

fünf Kinder mochten meinen Beruf gar nicht, als sie kleiner waren. Als Chirurg hatte ich oft Bereitschaft und konnte längst nicht immer so an ihrem Leben teilnehmen, wie sie es sich wünschten. Einmal habe ich sogar ein Jungpfadfindertreffen vom OP aus geleitet, indem ich in Richtung des von einer Schwester gehaltenen Telefonhörers schrie. (Ich kann Ihnen versichern, dass der Patient trotzdem bestens versorgt wurde.) Einmal kam ich abends nach Hause und verkündete: „Da bin ich und habe Zeit, etwas mit meinen Kindern zu machen." Ich musste mir sagen lassen, dass sie den Abend bereits verplant hatten, sie wollten auf die Rollschuhbahn gehen. Ich ließ es mir nicht nehmen, auf folgenden Zusammenhang aufmerksam zu machen: Wenn es ihnen jetzt wichtiger war, zur Rollschuhbahn zu gehen, dann musste ich wohl das Recht haben, Chirurg zu sein. Niemand musste Schuldgefühle haben, wenn er tat, was sich für ihn richtig anfühlte. Ich hatte zu lernen, dass ich nicht Papa, Chirurg, Ehemann, Gruppenleiter bei den Pfadfindern, Sohn und Tierhalter *gleichzeitig* sein konnte. Ich konnte nur ich sein.

Manchmal ist es gut zu arbeiten – es fühlt sich richtig an, es gibt dem Leben Sinn, man hat der Welt etwas zu geben. Zu einem anderen Zeitpunkt kann es aber ganz falsch sein. Alles in allem ist es so, dass wir manchmal auf unsere eigenen Bedürfnisse achten und unseren eigenen Weg gehen müssen; ein andermal kann es sein, dass wir uns anderen anschließen müssen, und schließlich gibt es auch Zeiten, in denen wir uns frei dazu entschließen, zusammen einen Weg zu einem gemeinsamen Ziel zu gehen. In den nächsten fünf Übungen können Sie lernen, immer in Kontakt mit Ihren eigenen Bedürfnissen zu bleiben und den besten Ausgleich zwischen den Bedürfnissen anderer und den eigenen zu finden.

ZIELE GEGENEINANDER ABWÄGEN

Wie Sie Ihr Leben rund machen

Wenn man heute ein Haus baut, wird man wahrscheinlich mehrere Baumaterialien verwenden. Es soll doch das beste und solideste Haus werden, das Sie für Ihr Geld bekommen können, nicht wahr? Natürlich würden Sie auch so denken, denn eine sinnvolle, ausgewogene Kombination unterschiedlicher Materialien wird Ihr Haus dauerhaft, sicher und komfortabel machen.

Mit persönlichen Zielen ist es ähnlich, und darum soll es in dieser Übung gehen. Fertigen Sie einen „Bauplan" für ein Leben an, das ein starkes Fundament besitzt, auf dem ein Bau stehen soll, der Zeit und Natur standhalten kann. Notieren Sie also Ihre spirituellen, körperlichen und materiellen Zielvorstellungen. Besteht ein ausgewogenes Verhältnis zwischen diesen Bereichen Ihres Lebens? Versuchen Sie, allen Teilen Ihrer selbst und Ihrer Welt gleiches Gewicht zu geben. Achten Sie darauf, wo etwas aus dem Gleichgewicht ist, wo es an Zielen mangelt oder die Ausrichtung fehlt. Notieren Sie weitere Ziele, die Ihnen zu einem abgerundeten Leben verhelfen könnten. Wenden Sie sich zuerst dem zu, was Sie als vordringlich erkannt haben.

Vor allem dieses Festlegen der Prioritäten macht Sie zum Schöpfer Ihres Lebens. Wenn Sie irgendeinem Einzelaspekt des Lebens zu viel Gewicht beimessen, könnte es Ihnen an Standfestigkeit mangeln, und dann hält Ihr „Gebäude" nicht lange.

ENTRÜMPELN SIE IHR LEBEN

Harmonie schaffen

Letztlich haben wir nur unsere eigenen Gedanken in der Hand. Versuchen wir also gar nicht erst, alles selbst regeln zu wollen; schaffen wir lieber Harmonie, dann werden sich die Dinge schon fügen. Harmonie entsteht, wenn wir für unser Leben ein Gefühl von Rhythmus entwickeln, einerlei ob es sich um schnelle und stürmische oder eher um gemächliche „Musik" handelt. Manche fahren gern 180, andere lieber 50. Finden Sie die Gangart, die sich für *Sie* richtig anfühlt.

Einer der Wege zur Harmonie besteht darin, dass Sie immer im Augenblick auf Ihre Bedürfnisse und Wünsche achten, anstatt vorzugreifen und schon den nächsten Augenblick im Auge zu haben. Das ist auch der Inhalt dieser Übung. Befreien Sie sich für mindestens eine Woche von Ihren sämtlichen Listen. Ich habe früher Listen und Terminpläne geführt, damit ich alles irgendwie in meinem Leben als stets abrufbereiter Chirurg unterbringen konnte. Irgendwann fiel mir aber auf, dass diese ganzen Pläne mich nur belasteten, und warf sie allesamt in den Papierkorb. Von da an lebte ich im Augenblick und tat immer genau das, was gerade anstand und in den Ablauf passte.

Sehen Sie sich zu Hause und im Büro nach entbehrlichen Notizen um, die Ihnen ständig vorschreiben, was Sie wann zu tun haben. Das wirklich Wichtige, etwa zu Terminen im Zusammenhang mit der Arbeit, lassen Sie natürlich besser hängen, aber machen Sie Schluss mit diesem ganzen Merkzettelwahnsinn am Kühlschrank, am Spiegel, auf dem Schreibtisch. Räumen Sie auf damit! Fangen Sie mit Listen und Zetteln an, die schon mindestens einen Monat alt sind. Wirrwarr im Kopf ist der Klarheit so wenig förderlich wie Durcheinander ringsum. Beides steht einem natürlichen Harmoniegefühl im Wege.

ETWAS ÄNDERN

Was, wenn?

Was würden Sie in Ihrem Leben ändern, wenn man Ihnen heute eröffnete, dass Sie nur noch ein Jahr zu leben haben? Ich habe oft erlebt, wie lebensbedrohende Krankheiten den Betroffenen einen Impuls gaben, ihr Leben umzugestalten. Tun Sie einmal so, als wären Sie selbst betroffen. Niemand weiß natürlich mit letzter Gewissheit, wie viel Zeit er noch hat, aber angenommen, Sie hätten nur noch ein Jahr – was würden Sie tun?

Überlegen Sie, was Sie im Großen wie im Kleinen ändern würden, und schreiben Sie alles auf. Würden Sie sich vielleicht nicht mehr so sehr um Ihr Aussehen und die gute Meinung anderer sorgen? Würden Sie ein neues Haus kaufen? Sich eine Arbeit suchen, die Ihnen sinnvoll erscheint? Lernen, wie man zu anderen nein und zu sich selbst ja sagt? Würden Sie Gefühle äußern, die Sie immer für sich behalten haben? Würden Sie um Hilfe bitten?

Was würden Sie an Ihrem Alltagsleben so umgestalten, dass Ihren körperlichen, seelischen und spirituellen Bedürfnissen besser gedient ist? Denken Sie ruhig auch an ganz praktische Dinge wie Ihr Testament und die Verteilung von Dingen, die Ihnen viel bedeuten. Wichtig ist aber auch alles, worauf man sich freut und was Sie vielleicht allzu lange hintangestellt haben.

Wie wäre es mit einem Hund? Und vielleicht würden Sie ja lieber in den Bergen oder am Meer leben? Mehr Anlässe zum Lachen? Gut für sich sorgen, auch für Ernährung und Gesundheit? Viel mehr mit den Menschen zusammen sein, die Ihnen am meisten bedeuten? Den Schlips ablegen und überhaupt viel zwanglosere Kleidung tragen?

So finden Sie heraus, welche Dinge Ihnen das Leben lebenswert machen. Verwirklichen Sie jetzt schon so viel wie möglich davon. Sehen Sie zu, dass Ihre kurzfristigen Planungen so befriedigend werden wie Ihre langfristigen.

Übung 94

DEN RICHTIGEN WEG FINDEN

Und das geeignete Schuhwerk

Einmal bin ich nach einem Schneesturm spazieren gegangen und musste feststellen, dass es gar nicht so einfach war, mir im hohen Schnee einen Weg zu bahnen. Am nächsten Tag war es schon leichter, weil ich in meine eigenen Spuren treten konnte. Den Tag darauf war es aber wieder schwierig, weil alles überfroren und hart war und sich meine alten Fußspuren als ziemlich unsicher erwiesen, wenn ich sie nicht genau traf. Ich hätte hinstürzen und mir ein Bein brechen können. Kurzum, was heute der richtige Weg zu sein scheint, kann sich morgen als ungeeignet erweisen. Das Leben im Gleichgewicht halten bedeutet mehr, als bloß Stürze zu vermeiden. Es verlangt, dass wir den Weg kennen und uns auf jeden Wegzustand einstellen können.

Gehen Sie den Weg der Ausgewogenheit? Sind Zuversicht und Vorsicht, Geben und Nehmen richtig verteilt? Schließen Sie die Augen, um sich Ihr Leben als einen Pfad vorzustellen. Blicken Sie nach vorn und zurück. Ist das Ihr eigener Weg, oder laufen Sie nur anderen nach? Beides kann je nach den Umständen richtig sein, aber *Sie* sollten entscheiden, wann Sie Ihren eigenen Weg gehen und wann Sie in die Fußstapfen anderer treten.

Und wie sieht es mit Ihrem Schuhwerk aus? Verschaffen Sie sich einen Überblick: Haben Sie alles, was Sie für den Weg durchs Leben brauchen? Wer und was steht in Ihrem Leben für „Schuhwerk"? Wer hilft Ihnen durch Schnee und Matsch und andere Wechselfälle des Lebens? Machen Sie eine Aufstellung aller Personen und sonstigen Aktivposten: Das ist Ihre „Ausrüstung".

Darauf greifen Sie zurück, wenn es gilt, die Schritte richtig zu setzen und Wege zu bahnen. Und irgendwann werden Sie selbst diese Funktion für andere erfüllen können.

SPIELEN SIE FRISBEE

Routine durchbrechen

Eine gefestigte Persönlichkeit widersteht den Stürmen des Lebens besser als ein eher labiler Mensch, der immer an irgendetwas oder irgendjemandem Halt sucht. Manchmal haben wir nur das im Auge, was wir erreichen wollen, und vergessen, uns als Menschen zu entwickeln. Hochleistungssportler und ihre Trainer wissen genau, dass man nicht weit kommt, wenn man nur bestimmte Muskelgruppen trainiert. Der Körper funktioniert als Einheit, deswegen muss das Training ausgewogen und umfassend sein – jeder Teil ist darauf angewiesen, dass auch die übrigen fit und geübt sind.

Betätigen Sie einen Monat lang Muskeln, die sonst wenig benutzt werden. Entwickeln Sie Ihre Fähigkeiten, nehmen Sie sich etwas vor, was Sie sonst nicht tun. Spielen Sie Frisbee, gehen Sie zum Bowling, toben Sie draußen mit Ihrem Hund. Es muss nur Spaß machen und Ihnen das Gefühl geben, richtig lebendig zu sein. Schon kleine Veränderungen können diesem Ziel dienen. Putzen Sie sich die Zähne mit der anderen Hand. Rasieren oder kämmen Sie sich anders. Betreten und verlassen Sie Ihr Haus durch eine andere Tür, falls das möglich ist. In wie viel ausgefahrenen Geleisen verläuft Ihr Alltag normalerweise? Wenn Sie die nur hier und da einmal verlassen, lernen Sie viel und tun eine Menge für ein ausgeglichenes Leben. Vergessen Sie auch nicht das Training Ihres körperlichen Gleichgewichtsgefühls: Balancieren Sie auf einem Balken oder Ähnlichem. Mit Übung machen Sie das aus sich, was Sie als Sportler, Ehepartner, Elternteil oder Freund sein möchten.

20

DER PARCOURS DES LEBENS

Es gibt keine Fehler

*Lange Zeit kam es mir so vor, als stünde der Beginn
meines Lebens – des wahren Lebens – unmittelbar bevor.
Es war nur immer noch irgendetwas
aus dem Weg zu räumen oder zu bewältigen,
etwas noch Abzuschließendes oder
Abzudienendes oder Abzuzahlendes.
Dann würde das Leben richtig anfangen.
Bis mir irgendwann dämmerte,
dass alle diese Hindernisse mein Leben waren.*

ALFRED D. SOUZA

Coaching-Tipp

Wie unsere Lebensumstände auch sein mögen, es liegt immer an uns selbst, wie wir sie betrachten. Das Leben kann wie ein Parcours aussehen oder wie ein Marathon, das Sie unbedingt durchstehen möchten. Die gleiche Situation, ein Wettlauf oder eine Krankheit, wird von Mensch zu Mensch ganz unterschiedlich wahrgenommen. Ihre Lebenshaltung entscheidet, wie irgendeine Erfahrung auf Sie wirkt.

Ich sehe das Leben als Kreislauf. Seit ich selbst mit der Erinnerung an ein früheres Leben konfrontiert worden bin, erlebe ich dieses Bild als sehr treffend. Wir leben, sterben und kehren in diese Welt zurück – aus Gründen, die wir nicht kennen. Sind wir hier, um den Lebenskreis zu vervollständigen und mit anderen in Austausch zu treten, damit wir alle unser Leben zu bewältigen lernen und so werden können, wie wir gemeint waren? Wenn ja, wozu dann dieses Recycling der Wiedergeburten? Warum kann man das nicht in einer Runde schaffen? Es muss wohl daran liegen, dass das Leben eine Schule ist. Da gilt es etliche Klassen zu durchlaufen, bis man sich das Zeugnis der Reife erwirbt, die Erleuchtung.

Aber jeder muss sich die Frage, wozu er hier ist, selbst beantworten. Worauf sind Sie aus? Was müssen Sie erreichen, um Frieden zu finden? Was sollen Sie hier bewältigen, damit es ein wahrhaft sinnvolles Leben ist? Es kann nicht um das Anhäufen einer bestimmten Menge von Dingen gehen, denn selbst wenn das erreicht wäre, gäbe es immer noch etwas, das Sie sich wünschen. Was kann uns den Frieden bringen, den wir suchen?

Der Kreis der Liebe ist das wahre Ziel, und wir brauchen gute Lehrer und Wegweiser. In dieser materiellen Welt kann uns die Suche danach von Ort zu Ort und von Job zu Job führen, bis uns aufgeht, dass der Himmel über uns überall der gleiche ist und dass die Erde unter unseren Füßen überall anders sein mag, aber wir dadurch nicht anders werden. Der Weg und das Ziel – sie sind beide in uns, und die Übungen in diesem Buch wollen Ihnen helfen, das zu sehen und den Weg der Seele zu gehen.

Und der größte Lehrer ist ebenfalls in uns, auch wenn äußere Lehrer sehr wichtig sein können für das Verständnis, dass Liebe weniger gesucht als vielmehr gelebt und verkörpert sein will. Ich jedenfalls weiß, dass ich Anleitung von einer Stimme bekomme, wenn ich mir die Zeit nehme, mich ganz auf mich selbst einzulassen. Vielleicht ist nichts weiter zu tun, als still zu sein und diese leise kleine Stimme zu hören und einfach zu befolgen, was sie sagt – anstatt mit ihr zu diskutieren, weil wir uns einbilden, wir wüssten selbst den richtigen Weg. Wenn Sie hier Ihre Einstellung und Ausrichtung ändern und sich nicht mehr sträuben, wird der scheinbar mit Hindernissen gespickte Weg Ihr Lehrer, und was unüberwindlich wie ein Berg erschien, schrumpft auf ein handhabbares Maß. Sie erreichen die Anhöhe, und von da an geht es mühelos bergab. Amen. Möge es so für Sie sein.

EINEN KREIS BILDEN

Der Redestab

Viele Menschen, Mitreisende auf diesem Lebensweg, suchen Rückhalt, Anleitung und Liebe. Sehen Sie sich nach Gleichgesinnten um, mit denen Sie einen Kreis bilden können. Wählen Sie einen Versammlungsort irgendwo in der Natur oder jedenfalls in ruhiger Umgebung. Die Wohnungen der Beteiligten sind meist nicht so geeignet, weil es hier Ablenkungen durch den Alltag geben kann. Das soll gerade das Schöne an dieser Übung sein, dass Sie einmal frei sind vom Handyzwang und den Ansprüchen anderer.

Wählen Sie ein Ritualobjekt aus, etwa einen geschnitzten Stab oder eine Feder. Lassen Sie die Gruppe einen Kreis bilden. Am Anfang schweigen alle eine Weile, danach kann man zusammen rezitieren oder meditieren. Dabei soll jeder Einzelne auf seine innere Stimme lauschen: Was ist noch nie ausgesprochen worden, müsste aber eigentlich gesagt werden? Auf welche Fragen hätte man sich Antworten gewünscht, ohne jedoch den Mut aufzubringen, sie zu stellen?

Wenn alle bereit sind, bekommt zuerst der kleinste Teilnehmer das Redesymbol und kann dem Kreis alles sagen, was er oder sie gern mitteilen würde. Alle übrigen haben nur zuzuhören; niemand macht Anmerkungen oder meldet Zweifel an, niemand fragt nach oder gibt Antworten. Dieses ausschließliche Zuhören gibt dem, der gerade spricht, die Möglichkeit, in sich selbst auf Antworten zu stoßen. Dann wird der Redestab reihum weitergegeben, und jeder bekommt die Gelegenheit, sich in dem Wissen, dass er nicht unterbrochen wird, ungehindert zu äußern.

BEZIEHUNGEN WERTSCHÄTZEN

Der Ring des Lebens

Kennen Sie die Herkunft des Eherings? Manche sagen, der Brauch sei 4800 Jahre alt und stamme von den alten Ägyptern, bei denen es nach gegenwärtigem Wissensstand den Austausch von Hochzeitsbändern gab. Sie flochten Faserpflanzen wie Hanf zu Kränzen und sahen sie als Symbole einer Verbindung zu übernatürlicher unsterblicher Liebe. Ein Kreis, zum Beispiel in der Gestalt eines Mandalas, ist immer ein Symbol unserer Ganzheit. Die Römer, immer auf Solidität bedacht, gingen zu eisernen Hochzeitsbändern über. Für die Frau war damit allerdings eine rechtsgültige Abmachung verbunden, nämlich dass sie Eigentum des Mannes wurde; für den Mann beinhalteten die Ringe den Nachweis, dass er den Kaufpreis entrichtet hatte. Nett, oder? Auch der Brauch, Eheringe am vierten Finger der linken Hand zu tragen, entsprang bei den alten Ägyptern und Römern; er entsprach dem Glauben, dass dieser Finger über die *Vena amoris* oder Liebesader direkt mit dem Herzen verbunden war und die Geschicke der beiden Beteiligten auf diese Weise innig verknüpft wurden. Auch heute noch verstehen wir Eheringe als Symbole für die vollkommene Einheit der Liebe – ohne Anfang und Ende. Manchen steht der Kreis oder Ring auch für das Heilige, das Vollkommene und den Frieden oder auch für Sonne, Erde und Universum.

Wie viele Menschen gibt es in Ihrem Leben, die eigentlich in diesem Sinne mit Ihnen „vermählt" sind und die Qualität Ihres Lebens ausmachen? Ich trage drei Eheringe, obwohl ich nur eine Frau habe. Einer stammt von unserer Eheschließung vor fünfzig

Jahren. Der zweite, von einer Freundin angefertigt, trägt eine Rose – der Name meiner Mutter. Auch er steht in Beziehung zu meiner Ehe, verbindet mich jedoch außerdem mit Angehörigen und Freunden. Den dritten hat einer unserer Söhne gemacht, und er bedeutet mir daher die besondere Beziehung zu unseren Kindern. Ich trage ihn am Ringfinger der rechten Hand.

Stellen Sie sich einen Ring vor, der Sie und alle Menschen, die Ihnen lieb sind, einschließt. Wer ist mit Ihnen in diesem Kreis und wer nicht? Wann haben Sie den Menschen im Kreis zum letzten Mal gesagt, wie dankbar Sie sind, dass sie mit Ihnen und für Sie da sind? Was könnten Sie jetzt tun, um zu bekunden, wie wertvoll Ihnen diese Beziehungen sind? Tun Sie es, und wenn Sie fertig sind, malen Sie einen Familienkreis, der alle miteinander verbindet. Dann rufen Sie alle an oder teilen Sie allen per E-Mail Ihre Gefühle mit. Suchen Sie Anschluss an den Ring Ihres Lebens.

IHR NOTFALLKÄSTCHEN

Was muss es enthalten?

Fast jeder Tag bietet Situationen, die irgendwie unangenehm sind – eine Gerichtsvorladung, ein Flug, ein Zahnarztbesuch, ein Krankenbesuch. Da wäre es manchmal gut, wenn man irgendein Notfallpäckchen zur Hand hätte, um sich aus ihm zu bedienen. Sehen Sie also zu, dass Sie in solchen Situationen immer auf irgendetwas an Unterstützung zurückgreifen können. Unzählige Untersuchungen belegen, dass Schmerzen halb so schlimm sind, wenn man Unterstützung hat, bei einer Entbindung ebenso wie bei einer simplen Spritze.

Denken Sie an irgendeine Situation, die Ihnen erfahrungsgemäß den Schweiß auf die Stirn treibt. Und jetzt überlegen Sie, was Sie hier brauchen könnten, um sie besser zu überstehen. Bringen Sie das Benötigte in einem den Umständen entsprechenden Behältnis unter – Aktentasche, Rucksack, Pausenbrotbox, Geschenktüte. Wenn Sie jemanden in Ihrem Freundeskreis besuchen, der krank oder in irgendwelchen anderen Nöten ist, packen Sie Liebe und Lachen und die Bereitschaft zuzuhören ein, vielleicht ein paar Kekse mit Schokotröpfchen. Wenn allzu feierliche Anlässe Sie nervös machen, sollten Sie ein paar Affirmationen oder Witze bei sich haben.

Wenn Sie zu den Menschen gehören, die unter Flugangst leiden, können Sie sich zunächst einmal bewusst machen, dass es Alternativen gibt: auf den Flug zu verzichten oder eine andere Fortbewegungsart zu wählen. Wenn Sie sich für den Flug entscheiden, sollte Ihre Notversorgung reichhaltig sein: Visualisierungen für einen Flug ohne Zwischenfälle, Musik, Knabbereien,

Bücher. Vielleicht können Sie eine Freundin oder jemanden aus der Familie mitnehmen, jemanden, der für Sie da ist, wenn die Panikattacke doch kommt.

Wir alle brauchen für die Wechselfälle des Lebens solche Notausrüstungen. Stellen Sie ein paar zusammen, aus denen Sie sich beim nächsten Ernstfall bedienen können.

SICH SELBST LIEBEN

Das ganze Spiegelbild

Sinn, der auch das Herz befriedigt, habe ich in meinem Leben dadurch gefunden, dass ich mich selbst und andere lieben lernte und diese Liebe in die Welt hinausgetragen habe. Lieben und geliebt werden, das ist es, was uns über die schweren Zeiten hinweghilft. Nicht jedem fällt es leicht, sich selbst wie seinen Nächsten zu lieben. Wenn es bei Ihnen so ist, fragen Sie sich, welche Gedanken und Gefühle Sie daran hindern, sich selbst zu lieben. Denn wer sich nicht liebt, der kann auch andere nicht lieben.

Stellen Sie sich vor einen Spiegel. Sie können die Person, die Sie da sehen, durchaus lieben, auch wenn Ihnen nicht alles an ihr gefällt. Liebe verlangt keine Vollkommenheit. Fangen Sie mit dem an, was Sie mühelos lieben können, und sagen Sie zu Ihrem Spiegelbild: Ich liebe mein Haar, meine Haut, meine Augen ... Tun Sie das einen Monat lang jeden Tag, und fügen Sie jeden Tag etwas hinzu, was Sie lieben. Beziehen Sie auch Ihre nicht sichtbaren Eigenschaften mit ein. Betrachten Sie Ihr Spiegelbild, bis Sie die *ganze* Erscheinung lieben können. Wenn Sie sich wirklich liebten, was würden Sie in Ihrem Leben ändern?

Übung 100

AUSRUHEN

Beim Nichtstun wird etwas getan

Haben Sie Gewissensbisse, wenn Sie sich Zeit zum Ausspannen nehmen? Sogar Gott hat einen Tag geruht, nachdem er alles erschaffen hatte – warum also nicht Sie auch? Wenn Sie nichts tun, tun Sie doch etwas. Sie hören auf zu tun und nehmen sich Zeit, einfach zu sein. Das kann inspirierend, heilend, erneuernd wirken.

Alle Reisenden müssen unterwegs einmal ausruhen. Wann haben Sie das letzte Mal innegehalten, um sich zu erholen? Ausruhen heißt ja nicht, dass Sie nichts tun. Ausruhen ist eine Tätigkeit. Üben Sie eine Woche lang, auf Ihren Körper zu hören. Und wenn er müde ist, ruhen Sie sich aus. Achten Sie darauf, dass Sie auch während der Nacht ausreichend Ruhe finden. Der Körper hat seine Arbeitszeiten und braucht ebenso Zeit zur Regeneration, gleichen Sie also Arbeit und Sport mit reichlich Ruhe und Schlaf aus. Alle diese Phasen haben ihre ganz eigene Physiologie. Die Hormone, die unser Immunsystem anregen, machen uns auch schläfrig. Hören Sie also auf Ihren Körper und folgen Sie seinen Rhythmen.

Halten Sie Ihre kleinen Nickerchen zwischendurch, und wenn Sie einmal nicht wissen, wie Sie vorgehen sollen, dann legen Sie sich hin, um darüber nachzudenken. Vielleicht schlafen Sie ein. Aber im Schlaf wird Ihnen einfallen, was weiter zu geschehen hat.

Coaching für die Seele

INNEREN FRIEDEN FINDEN

Abschlussprüfung

Worauf sind Sie aus? Wenn Sie nicht genau wissen, was Sie suchen, wie wollen Sie es dann erkennen, wenn es sich zeigt? Es gibt auf unserem Weg Phasen, in denen wir uns zutiefst unwohl fühlen. C. G. Jung beschrieb das als „bohrende Rastlosigkeit". Wenn ich in diesem Zustand bin, lasse ich mich nicht verunsichern. Ich sehe ihn, wie ich Hunger sehe: als eine Verfassung, die mich veranlasst, Nahrung zu suchen. Ich weiß, dass ich den Grund für die Unruhe finden muss; nur so kann sich dieses Gefühl lösen und ich finde zurück zu dem Frieden, den ich immer suche.

Wir vergessen immer wieder, dass die Weisheit, die wir suchen, schon in uns ist. Der Schritt nach innen kann etwas Beängstigendes haben, aber nirgendwo finden wir so viel Aufschluss wie in uns selbst. Uns selbst zu betrachten und die innere Stimme zu hören verlangt ein wenig Mut, aber nur in uns selbst ist wahrer Frieden zu finden.

Ich bin in einem Newsletter auf folgende Aufstellung gestoßen. Nehmen Sie sich ein wenig Zeit dafür, dann haben Sie ein gutes Maß für Ihre Fortschritte im Leben. Nutzen Sie die aufgeführten Punkte als Leitlinie bei Ihrem Vorhaben, sich den inneren Frieden zurückzuerobern. Dies ist Ihre letzte und wichtigste Übung.

Zeichen und Symptome des inneren Friedens

- Eine merkliche Tendenz, spontan zu denken und zu handeln und sich nicht von Befürchtungen aufgrund früherer Erfahrungen leiten zu lassen.

- Die nicht mehr zu übersehende Fähigkeit, jeden Augenblick zu genießen.

- Ein Verlust des Interesses, andere zu be- oder verurteilen.

- Ein Verlust des Interesses, sich selbst zu be- oder verurteilen.

- Ein Verlust des Interesses, das Verhalten anderer zu interpretieren.

- Ein Verlust des Interesses an Konflikten.

- Der Verlust der Fähigkeit, sich Sorgen zu machen (das ist ein sehr ernstes Symptom).

- Häufige nicht unterdrückbare Anfälle von Dankbarkeit.

- Befriedigende Gefühle der Verbundenheit mit anderen und der Natur.

- Ein häufiges Bedürfnis zu lächeln.

- Ein wachsender Hang, die Dinge geschehen zu lassen, anstatt sie herbeizuführen.

- Wachsende Empfänglichkeit für die Liebe anderer und der kaum zu unterdrückende Drang, diese anderen zu lieben.

WARNUNG: Wenn Sie einige der oben genannten Symptome oder sogar alle an sich feststellen, könnte es sein, dass Sie sich unheilbaren inneren Frieden zugezogen haben und Liebesblindheit die Folge sein kann. Falls Sie Umgang mit Personen haben, die solche Symptome zeigen, müssen Sie wissen, dass Sie solchen Umgang auf eigene Gefahr pflegen.

Über den Autor

Dr. Bernie Siegel ist ein bekannter Vertreter alternativer Heilungs-ansätze, die nicht allein die Gesundheit des Körpers, sondern auch das Wohlergehen von Geist und Seele im Auge haben. Bernie, wie seine Freunde und Patienten ihn nennen, absolvierte sein Medizinstudium an der Colgate University und am Cornell University Medical College. Seine chirurgische Ausbildung bekam er am Yala New Haven Hospital, am West Haven Veteran's Hospital und am Children's Hospital von Pittsburgh. 1978 entwickelte Bernie einen neuen Ansatz der Einzel- und Gruppentherapie für Krebspatienten, der unter dem Schlagwort „außergewöhnliche Krebspatienten" weltweit bekannt wurde. Hier wird unter anderem mit den Zeichnungen, Träumen und Gefühlen der Patienten gearbeitet und sehr viel Wert auf die Einübung neuer Lebensgewohnheiten gelegt, wobei die Patienten intensiv in die Heilungsbemühungen einbezogen werden. Seine aktive Laufbahn als Chirurg beendete Bernie 1989.

Seit eh und je ein kämpferischer Anwalt seiner Patienten, hat Bernie es sich seither zum Ziel gemacht, im Gesundheitswesen einen humaneren Umgang mit kranken Menschen durchzusetzen und diesen Kranken Mut zu einer aktiveren Beteiligung an der eigenen Heilung zu machen. Seine rege Vortragstätigkeit führt ihn auf der ganzen Welt zu Begegnungen mit Gruppen von Patienten und Betreuern. Als Autor etlicher Bücher, darunter *Prognose Hoffnung: Liebe, Medizin und Wunder* und *Mit der Seele heilen: Gesundheit durch inneren Dialog,* ist Bernie außerdem führend an der Ethikdiskussion in der Medizin und am spirituellen Diskurs unserer Zeit beteiligt. Er lebt mit seiner Frau Bobbie (die an manchen seiner Bücher mitgearbeitet hat) in einem Vorort von New Haven, Connecticut. Sie haben fünf Kinder und acht Enkel.

Kommentare zur amerikanischen Ausgabe

„Wieder ein liebevolles, kluges, praktisches Buch von Dr. Bernie, das Ihr Leben verändern kann. Ein Schritt für Schritt aufgebautes Fitnessprogramm für das in Ihnen, was Flügel hat."

Rachel Naomi Remen,
Autorin von *Kitchen Table Wisdom*

„Dieses unkomplizierte Buch hat alles, was Sie an Weisheit benötigen, um so zu leben, wie es dem Besten in Ihnen entspricht. Bernie besitzt die Gabe, komplexe Ideen einfach und zugänglich darzustellen. Halten Sie sich an seinen Trainingsplan, und Sie werden sich ein Leben schaffen, das wunderbarer ist als alles, was Sie sich je vorgestellt hätten."

Joan Borysenko,
Autorin von *Inner Peace for Busy People*

„Hier legt einer der großen amerikanischen Meister der Heilkunst einen praktischen Leitfaden vor, der uns Schritt für Schritt in eine gesündere und befriedigendere Existenzweise einführt. Siegel hat einfach ein untrügliches Gespür dafür, wie er es den Menschen schmackhaft machen kann, über sich selbst hinauszuwachsen und das zu erreichen, was sie bis dahin für unerreichbar hielten. In dieser konfusen Welt voller einander widersprechender Empfehlungen für ein gesundes Leben brauchen wir solch einen Leitfaden mehr den je."

Larry Dossey,
Autor von *Heilende Worte* und
The Extraordinary Healing Power of Ordinary Things

Christine Bolam

Nichts schieben wir so gerne auf wie das Glück – wir finden immer einen Grund, nicht glücklich zu sein. Wenn das Glück von Gründen abhinge, hätte es in unserer Welt keine Chance. Doch in Wirklichkeit ist Glück der Grundstoff, aus dem wir selbst, die Welt und das Universum gebildet sind.

Auf einer Reise in sieben Schritten können Sie das Glück aus sieben verschiedenen Blickwinkeln betrachten und entdecken, was Sie davon abhält, es zu verwirklichen. Praktische Übungen nehmen Bezug zu den wichtigsten Lebensthemen wie Arbeit, Beziehung, Kreativität, Selbstbewusstsein. Sie fördern die Erfahrung, dass das Glück überall auf uns wartet – wenn wir bereit sind, seiner Einladung zu folgen.

www.cbolam.de

Christine Bolam: Einladung zum Glück – Eine Reise in sieben Schritten
192 Seiten | ISBN 978-3-933496-73-7

J.Kamphausen   www.weltinnenraum.de